who?

글 오영석

어린이들이 재미있고 신나게 읽을 수 있는 책을 쓰기 위해 노력하는 작가입니다. 나와 똑같이 고민하고, 실패했던 위인들의 이야기를 통해 독자들도 '할 수 있다'는 마음을 가지길 바랍니다. 작품으로《세계사 한국사》,《과학 교과 주제 탐구Q 몸》,《걸어서 세계 속으로 2. 일본》등이 있습니다.

그림 김희송

만화를 사랑하는 마음으로 오랫동안 만화를 그려 왔습니다. 극 만화와 학습 만화는 물론 다양한 분야의 일러스트 작업을 하고 있습니다.

감수 경기초등사회과연구회
진로 탐색 감수 이랑(한국고용정보원 전임연구원)
추천 송인섭(숙명 여자 대학교 명예 교수)

 세계 인물

존 스튜어트 밀

개정판 1쇄 인쇄 2024년 11월 15일
개정판 1쇄 발행 2025년 1월 1일

글 오영석 **그림** 김희송

펴낸이 김선식
펴낸곳 다산북스

부사장 김은영
어린이사업부총괄이사 이유남
책임편집 박세미 **디자인** 김은지 **책임마케터** 김희연
어린이콘텐츠사업1팀장 박정민 **어린이콘텐츠사업1팀** 김은지 박세미 강푸른
마케팅본부장 권장규 **마케팅3팀** 최민용 안호성 박상준 김희연
편집관리팀 조세현 김호주 백설희 **저작권팀** 이슬 윤제희 **제휴홍보팀** 류승은 문윤정 이예주
재무관리팀 하미선 김재경 임혜정 이슬기 김주영 오지수
인사총무팀 강미숙 이정환 김혜진 황종원
제작관리팀 이소현 김소영 김진경 최완규 이지우 박예찬
물류관리팀 김형기 김선민 주정훈 김선진 한유현 전태연 양문현 이민운

출판등록 2005년 12월 23일 제313-2005-00277호
주소 경기도 파주시 회동길 490
전화 02-704-1724 **팩스** 02-703-2219
다산어린이 카페 cafe.naver.com/dasankids **다산어린이 블로그** blog.naver.com/stdasan
종이 신승NC **인쇄** 북토리 **코팅 및 후가공** 평창피앤지 **제본** 대원바인더리

ISBN 979-11-306-5835-3 14990

품명: 도서 | **제조자명:** 다산북스
제조국명: 대한민국 | **전화번호:** 02)704-1724
주소: 경기도 파주시 회동길 490
제조년월: 판권 별도 표기 | **사용연령:** 8세 이상
※ KC마크는 이 제품이 공통안전기준에 적합하였음을 의미합니다.

존 스튜어트 밀

John Stuart Mill

다산
어린이

자신만의 멘토를 만날 수 있는
who? 시리즈

　다산어린이의 〈who?〉 시리즈는 어린이들은 물론 어른들에게도 재미와
감동을 주는 교양 만화입니다. 〈who?〉 시리즈는 전 세계 인류에 영향력을
끼친 인물들로 구성되었으며 인물들의 삶과 사상을 객관적으로 전해
줍니다.

　이처럼 다양한 나라와 분야에서 활약한 위인들의 이야기를 통해 과학,
예술, 정치, 사상에 관한 정보는 물론이고, 나라별 문화와 역사까지 배우게
될 것입니다. 〈who?〉 시리즈의 가장 큰 장점은 위인들이 그들의 삶에서
겪은 기쁨과 슬픔, 좌절과 시련, 감동을 어린이들이 함께 느낄 수 있다는
것입니다. 어린이들은 이 책을 읽으면서 폭넓은 감수성을 함양하게 됩니다.

　〈who?〉 시리즈의 어린이 독자들이 책 속의 위인들을 통해 자신만의
멘토를 만나 미래의 세계적인 리더로 성장하기를 진심으로 응원합니다.

존 덩컨 미국 UCLA 동아시아학부 교수

존 덩컨(John B. Duncan) 교수는 한국학 분야의 세계적인 석학으로
미국 UCLA 한국학 연구소 소장 및 동 대학의 동아시아학부 교수를
겸직하고 있습니다. 하버드 대학교 교환 교수와 고려 대학교 해외
교육 프로그램 연구센터장을 역임했으며, 주요 저서로는
《조선 왕조의 기원》,《조선 왕조의 시민 행정의 제도적 기초》 등이
있습니다.

세상을 더 나은 곳으로 만든
사람들의 이야기

　　어린이들은 자라면서 수많은 궁금증을 가지게 됩니다. 그중에서도
"저 사람은 누굴까?"라는 질문은 종종 아이들의 머릿속을 온통 지배해
버리기도 합니다. 다산어린이에서 출간된 〈who?〉 시리즈는 그런 궁금증을
해결해 주기 위해 지구촌 다양한 분야의 리더들을 소개하고 있습니다.

　　〈who?〉 시리즈에 등장하는 인물들은 인종과 성별을 넘어 세상을 더
나은 곳으로 만든 사람들입니다. 어린이들은 이 책에서 디지털 아이콘으로
불리는 스티브 잡스는 물론 니콜라 테슬라와 같은 천재 발명가를 만날 수
있습니다.

　　책 속 주인공들의 어린 시절 이야기를 통해 도전과 성취감을 함께
맛보고, 그들과 함께 성장하면서 스스로 창조적이고 인류에 도움이 되는
사람이 되겠다는 포부와 자신감을 갖게 될 것입니다.

　　〈who?〉 시리즈 속에서 다채롭고 생동감 넘치는 위인들의 이야기를
만나 보세요.

에드워드 슐츠 하와이 주립 대학교 언어학부 교수

에드워드 슐츠(Edward J. Shultz) 하와이 주립 대학교 언어학부
교수는 동 대학의 한국학센터 한국학 편집장을 역임한 세계적인
석학입니다. 평화봉사단 활동의 하나로 한국에서 영어 교사로 근무한
경험이 있으며, 현재 한국과 미국, 일본을 오가며 활발한 활동을
펼치고 있습니다. 저서로는 《중세 한국의 학자와 군사령관》,
《김부식과 삼국사기》 등이 있고, 한국 중세사와 정치에 대한 다수의
기고문을 출간했습니다.

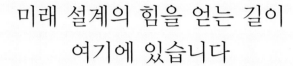

미래 설계의 힘을 얻는 길이
여기에 있습니다

어린이가 성장하는 시기에는 스스로 미래를 설계하며 다양한 책을
접하는 경험이 필요합니다.

어린 시절 만난 한 권의 책이 인생에 미치는 영향이 얼마나 큰지는
꿈을 이룬 사람들의 말을 통해서 알 수 있습니다. 빌 게이츠는 오늘날
자신을 만든 것은 동네의 작은 도서관이었다고 말하고, 오프라 윈프리는
어린 시절 유일한 친구는 책이었음을 고백하며 독서의 중요성에 대해
이야기합니다.

꿈을 이룬 사람들의 공통점은 또 있습니다. 그들에게는 어린 시절,
마음속에 품은 롤 모델이 있었습니다. 여러분의 롤 모델은 누구인가요?
〈who?〉 시리즈에서는 현재 우리 어린이들이 가장 닮고 싶어하는 롤
모델을 만날 수 있습니다. 버락 오바마, 빌 게이츠, 조앤 롤링, 스티브
잡스 등 세상을 바꾼 사람들의 감동적인 이야기를 담은 〈who?〉 시리즈는
어린이들이 구체적인 목표를 설정하고 희망찬 비전을 세울 수 있도록
도와줄 친구이며 안내자입니다. 〈who?〉 시리즈를 통하여 자신의 인생
모델을 찾고 미래 설계의 힘을 얻을 수 있습니다.

송인섭 숙명 여자 대학교 명예 교수

숙명 여자 대학교 명예 교수이자 한국영재교육학회 회장으로
자기주도학습 분야의 최고 권위자입니다. 한국교육심리연구회
회장, 한국교육평가학회 회장, 한국영재연구원 원장을 역임했습니다.
자기주도학습과 영재 교육의 이론을 실제 교육 현장에 적용하기 위해
노력하고 있습니다.

평생을 이끌어 줄
최고의 멘토를 만날 수 있는 책

10대에 가장 중요한 것은 무엇일까요? 학과 공부와 입시일까요? 우리나라 최초의 국제회의 통역사로 30년 동안 활동하면서 글로벌 리더들을 만날 기회가 수없이 많았던 저는 대한민국의 초등학생들에게 특별한 조언을 해 주고 싶습니다. 그것은 큰 꿈을 가지는 것이 무엇보다 중요하다는 것입니다.

꿈은 힘들고 지칠 때 나를 이끌어 주는 힘이고 내 인생의 주인이 되어 일어설 수 있게 하는 원동력이 되어 줍니다. 꿈이 있는 아이가 공부도 잘하고 결국 그 꿈을 실현할 수 있게 되는 것입니다. 저 역시 어린 시절 품었던 꿈이 지금의 자리에 있게 한 원동력이었습니다. 남들이 모르는 큰 꿈을 마음속에 간직하고 있었기에 괴롭고 힘들어도 포기하지 않고 다시 일어설 수 있었습니다.

어린 시절 저에게도 힘들고 지칠 때마다 용기를 불어넣어 주고 힘이 되어 주었던 분들이 있었습니다. 지금의 자리로 저를 이끌어 준 멘토들처럼 〈who?〉 시리즈에서 여러분의 친구이자 형제, 선생이 되어 줄 멘토를 만날 수 있기를 바랍니다.

최정화 한국 외국어 대학교 교수

우리나라 최초의 국제회의 통역사로 현재 한국 외국어 대학교 통번역 대학원 교수로 재직 중입니다. 세계 무대에서 자신의 꿈을 이룬 여성 신화의 주인공으로, 역시 세계에서 꿈을 펼치려고 하는 청소년들에게 멘토로서의 역할을 충실히 하고 있습니다. 저서로는 《외국어 내 아이도 잘할 수 있다》, 《외국어를 알면 세계가 좁다》, 《국제회의 통역사 되는 길》 등이 있습니다.

차 례

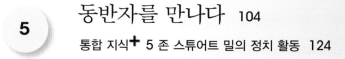

존 스튜어트 밀

'배부른 돼지보다 배고픈 소크라테스가 낫다.'라는 유명한 말을
남긴 존 스튜어트 밀. 어릴 때는 아버지의 교육 방식에 따라 열심히
공부했고, 어른이 되어서는 생각을 키워 나가며 자신만의 사상을
갖추었어요. 그의 삶을 들여다보며 그의 가르침을 배워 볼까요?

- 이름: 존 스튜어트 밀
- 생몰년: 1806년~1873년
- 국적: 영국
- 직업·활동 분야: 철학자,
  정치가
- 대표작: 《자유론》, 《논리학
  체계》, 《여성의 예속》, 《정치
  경제학 원리》

제임스 밀

세 살이 된 존에게 그리스어를 가르칠 정도로 혹독한 교육을 시켰던
아버지입니다. 다양한 분야를 공부시키고, 훌륭한 학자들과 자주 만나게
해 주며 존의 인생에 좋은 밑거름을 만들어 주었어요.
존이 존경한 인물이기도 해요.

해리엇 테일러 밀

존과 마음이 잘 맞는 친구이자, 그의 아내예요. 감성이 풍부하고 공감
능력이 뛰어나 존의 부족한 부분을 잘 채워 주었지요. 존과 대화도 잘
통할 만큼 지적인 여성이었어요. 존과 함께 많은 연구를 했던 학문적인
동료이기도 했습니다.

들어가는 말

- 존 스튜어트 밀은 어떻게 다양한 분야에서 훌륭한 연구 결과를 내놓을 수 있었는지, 그
  과정을 지켜보아요.
- 존 스튜어트 밀이 살았던 시대를 들여다보며 프랑스 혁명의 의미를 이해해 보아요.
- 존 스튜어트 밀이 사회 문제에 관심을 갖고 이를 연구하는 모습을 보며, 오늘날 사회학자가
  하는 일에 대해 알아봐요.

제임스는 고작 세 살인 어린아이에게 영어는 물론 외국어인 그리스어를 가르쳤습니다.

존, 유럽의 문명은 그리스에서 시작되었단다. 소크라테스, 플라톤 같은 위대한 철학자들이 모두 그리스인이지.

네, 아버지.

넌 꼭 그리스어를 알아야 해. 철학은 그리스에서 시작되었으니 철학을 제대로 배우려면 그리스어를 알고 정확히 이해해야 한다. 영어로 번역된 걸 보는 건 한계가 있어.

존은 아버지의 뜻에 따라 영어로 된 철학책들을 읽으면서 한편으로는 그리스어를 익혔습니다. 아직 어린 존에게는 힘겨운 일이었지만, 존은 아버지의 뜻에 묵묵히 따랐습니다.

애한테 너무 심한 거 아니에요?

나는 존을 철학자로 키울 거야.
그것도 *공리주의 철학자로!
존은 공리를 위해서 지성을 갖춰야 해.
존은 아직 어리지만 왜 공부를 해야 하는지
충분히 이해하고 있어.

존의 동생들도 그렇게 가르칠 거예요?

동생은 존이 가르쳐야지.
내 할 일은 우선 존을
가르치는 거라고.

공리를 위해서 왜 존이 지성을 갖춰야 하는 건데요?

높은 지성을 갖춘 사람은
그 자신이 행복해지고
또 다른 이들에게 행복한
길을 가르쳐 줄 수 있어.

*공리주의: 인간 행위의 윤리적 기준을 개인의 이익과 쾌락 추구에 두고, 개인의 이익은 개인의 행복이라고 하는 사상

결국 인류의 행복,
곧 공리에 공헌하는 사람이
되는 거지. 나는 존을
그런 인재로 키울 거야.

공리주의는 19세기 중반 제러미 벤담이라는
학자가 주장한 사상입니다.

최대 다수의 최대 행복!
이것이 공리주의입니다.
행복하고 즐거운 것,
이것이야말로 인간이
추구하는 절대 선이지요.
고통과 슬픔은 악입니다.
인간은 행복한 삶을 위해서
쾌락을 추구하는 삶을
살아야 합니다.

공리주의에서 말하는 쾌락은 유쾌하고 즐거운 감정을 뜻합니다.
벤담은 '많은 사람에게 이익이 되는가', '사람들의 복지를 증진시키는가'를
기준으로 삼아 좋고 나쁨을 판단해야 한다고 주장했습니다.

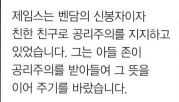

제임스는 벤담의 신봉자이자 친한 친구로 공리주의를 지지하고 있었습니다. 그는 아들 존이 공리주의를 받아들여 그 뜻을 이어 주기를 바랐습니다.

난 존에게 최고의 교육을 시켜서 사회에 이바지하는 사람으로 만들 거야. 그러기 위해서는 지금부터 이 정도 공부는 해야 해.

존!

이건 영어로 무슨 뜻이지?

아침……요.

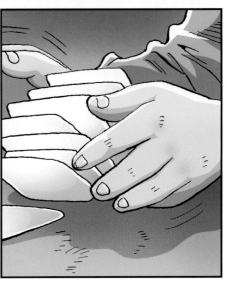

펠리페 2세 전기였는데요. 몰타섬의 기사단이 터키 군대를 용감하게 물리치는 내용이었어요.

아-아-아-아

제임스는 존이 배웠던 것을 잊어버리지 않도록 끊임없이 질문을 던졌습니다.

미국 독립 전쟁에 대해서는 기억하고 있니?

네, 미국이 영국을 배신한 거죠.

아니야, 그건 꼭 그렇게 볼 게 아니다. 미국 입장에서는 영국의 간섭과 구속이 싫었던 거지. 그들에겐 정당한 독립 전쟁이었단다.

그렇군요.

존, 저기 봐라.
꽃에 벌이 앉았구나.
왜 그런지 아니?

꿀을 모으려고요.

꿀은 뭐지?

벌의 식량이에요.

맞았다. 벌은 꿀을 모아서
집으로 가져가지.
벌집에서 가장 중심이
되는 벌이 뭐지?

여왕벌이요.
여왕벌이 알을 낳아요.

제임스는 지리, 역사, 자연, 과학, 생물 등 다방면에 걸쳐 존을 교육시켰습니다. 제임스의 교육 방식은 사소한 대화로 시작해서 질문과 대답을 거듭하며 좀 더 깊은 지식으로 나아가는 것이었습니다.

벌집은 어떤 모양인지 아니?

육각형요.

그래, 존. 여왕벌이 벌들의 중심이지. 그리고 꿀을 따는 건 일벌이야.

벌과 비슷하게 사는 곤충이 또 있었지?

개미예요. 개미도 여왕개미가 있고 일개미가 있고 병정개미가 있어요.

좋아. 모두 기억하고 있군. 훌륭해.

존은 어느덧 여덟 살이 되었습니다. 존은 라틴어를 배우기
시작했고 동생에게도 가르쳐 주었습니다.

이건 라틴어로 된
간단한 문장이야.
건강과 안녕을 비는
인사말이야.

알겠어, 오빠.
그럼 이건 뭐야?

자기소개를 하는 거야.
'나는 누구입니다.'
이런 뜻이야.

라틴어는 고대 로마의 공용어였는데 시간이 지나면서 점차
실생활에서 언어로 사용되기보다 *문헌을 기록하는 데
쓰였습니다. 실생활에서 사용되는 언어가 아니었기에 라틴어는
매우 어려웠습니다.

하지만 라틴어는
꼭 배워 두어야 해.
라틴어로 적어 놓은
훌륭한 말이 많단
말이야.

오빠, 라틴어는
너무 어려워.

*문헌: 연구의 자료가 되는 책이나 문서

아, 제임스! 오랜만이군. 저술은 잘되고 있나?

네, 조금만 더 하면 끝낼 수 있을 것 같습니다.

뭐라고? 아직 10년도 되지 않았잖아?

제임스가 쓰고 있던 책은 《영국령 인도사》라는 책이었습니다. 영국의 식민지가 된 인도의 역사를 영국인의 입장에서 서술한 것이었는데 워낙 자료가 방대해서 누구도 10년 만에 책을 쓸 것이라고 생각하지 못했던 것입니다.

곧 10년이 다 되어 갑니다. 그 정도면 충분한 시간이죠.

하하, 그래. 시간을 낭비하지 않는 건 자네다워. 그나저나 아들 존은 어때?

제 교육을 잘 따라오고 있습니다. 더 크면 선생님께서 제자로 삼아 가르쳐 주십시오.

그래, 아직 어린아이일 텐데 어디까지 가르쳤나?

*대수학: 개개의 숫자 대신 숫자를 대표하는 일반적인 문자를 사용하여 수의 관계, 성질, 계산 법칙을 연구하는 학문

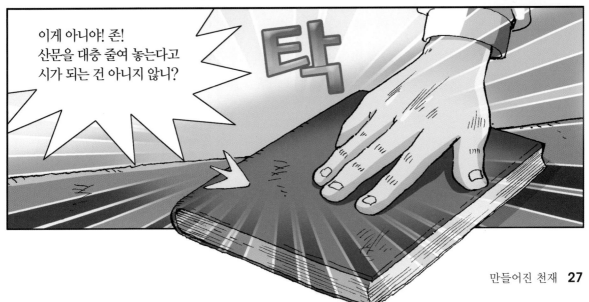

자, 잘못했어요.

잘못했다고 말하지 마라. 이건 잘못이 아니야. 다만 더 연습해야 할 일이지.

자, 이걸 읽고 시가 뭔지 내일까지 연구해라. 종교에 대한 공부는 했니?

종교는 나약한 사람들에게 의지할 힘을 줘요.

그래서 종교는 불필요하다는 거다.
누군가에게 의지하게 만들고
나 자신을 잃어버리게 하지.
신에게 의존하지 말고 스스로
행복을 이끌어 나가야 해.
이번엔 철학이다. 플라톤의
이데아가 무엇이냐?

존재하지 않는
이상향의
세계예요.

그렇게 이념을 가둬 두지 마라.
이데아는 절대적인
관념이기도 하고 누군가에게는
이상이기도 하다.

다음은 대수학,
이 식에서 X를 구해라.

어머니는 존을 안타깝게 생각했습니다.

존, 밖에 나가 바람 좀 쐬렴.

괜찮아요, 어머니.

네 또래의 다른 아이들처럼 밖에서 놀기도 해야 하는데.

괜찮아요. 어차피 노는 게 뭔지도 잘 모르는 걸요.

뭐라고? 그게 뭔지 모르겠다니?

아버지는 존이 지성적으로 상대가 되지 않는 아이들을 사귀는 걸 원치 않았습니다. 친구가 없었던 존은 자기가 그 나이에 얼마나 많은 공부를 하고 있는지도 깨닫지 못했습니다.

다른 아이들도 저처럼 공부하는 것 아닌가요?

뭐?

요즘 존이 너무 힘들어 보여요.

그래? 그 녀석 아직 멀었군.

이제 겨우 열두 살이에요.

그저 암기만 시키면 문제가 되겠지만 존은 자기가 배우는 걸 충분히 이해하고 있어. 동생들에게 가르쳐 줄 정도로 말이야.

당신도 알잖아. 인간이 태어나서 죽을 때까지 얼마나 쓸데없는 일로 시간을 낭비하는지. 사춘기 땐 괜히 방황하다가 시간 낭비하기 일쑤지.

그게 교육과 무슨 상관이에요?

어렸을 때부터 교육을 통해서 올바른 길을 가르쳐 줘야 존이 바른길로 나아가지. 시간 낭비 없이 말이야.

글쎄요.

사람이 태어나서 죽을 때까지 아무런 시간 낭비 없이 올바른 길로만 걸어간다면 그 길이 곧 인류의 재산으로 남는 거야. 존은 인류의 표본이 되는 거지.

대체 무슨 말인지 모르겠군요.

두고 봐. 존을 큰 인물로 키울 테니.

제임스는 존을 주지주의적인 방식으로 교육했습니다.
주지주의란 감정보다는 바른 것을 알게 되면 그것을
행동으로 옮긴다는 생각이었습니다.
제임스는 주지주의 교육의 신봉자였고, 주지주의 교육이
공리주의에 이바지할 것이라고 생각했습니다. 때문에
점점 존을 향한 제임스의 교육은 강도를 더해 갔습니다.

그게…

존, 정신 차려!
관념이 무엇인지 아직도
설명이 안 된단 말이냐?

언제까지 아버지를
실망시킬 셈이냐?
이 책을 모두 요약해라.
이틀을 주겠다.

네, 아버지.

존은 서재에 머물며 공부를 하는 시간이 많았습니다. 자기가 또래보다 훨씬 많은
공부를 하고 있다는 것도 몰랐기 때문에 힘들어도 열심히 공부를 했습니다.

아버지 제임스는 존이 남들보다 많이 배웠다는 것에 자만하지 않도록 항상 엄격한 태도를 취했고 존을 끊임없이 다그쳤습니다.

대수학 3번 문제가 틀렸잖니?
이런 쉬운 문제도 못 풀어?
일리아드의 요약도 잘못되었어.
플라톤의 이데아를 설명하려면
관념이 나와야지. 왜 관념에 대한 설명이
없는 거냐? 셰익스피어 소설은 집어치워.
차라리 로마사에 대해서 한 번 더 봐라.

아버지의 지나친 기대와 강요로 존은 지쳐 갔습니다. 존은 언제나 아버지 앞에선 기가 죽어 있었고 소심한 아이로 성장했습니다.

존 스튜어트 밀의 성공 열쇠

하나 아버지의 가르침

존 스튜어트 밀(1806~1873년)

아버지 제임스 밀은 존이 어렸을 때부터 가혹하다 싶을 정도의 교육을 실시했습니다. 그런 아버지 때문에 존은 어린 나이에 수없이 많은 책을 읽고 외국어를 배워야 했습니다. 존은 다른 아이들이 어떻게 어린 시절을 보내는지 알지 못했기 때문에, 아버지의 교육을 불만 없이 그대로 받아들였습니다. 존의 나이 열 살 무렵, 아버지는 주지주의에 입각해 존을 가르치기 시작했습니다. 주지주의란 인간의 의지나 감정보다도 이성을 중요시하는 철학의 세계관입니다. 존의 아버지는 존이 이미 세상에 검증된 지성과 지식을 배운다면 시간 낭비 없이 빨리 지식을 습득할 수 있을 것이라고 생각했습니다. 이러한 가르침 속에 자란 존은 감성과 공감 능력은 부족했지만 누구보다 빨리 지성인이 될 수 있었습니다.

who? 지식사전

존 스튜어트 밀의 아버지, 제임스 밀

제임스 밀(1773~1836년)

존 스튜어트 밀의 아버지 제임스 밀은 스코틀랜드 출신으로, 잉글랜드에서 활동한 공리주의 철학자입니다. 공리주의 철학자 제러미 벤담과 교류하면서 제자이자 동료가 되었습니다. 그는 벤담의 사상이 옳다고 믿었고, 벤담의 철학을 따라 사회 개혁을 추구했던 이들을 이끄는 지도자로 활약했습니다. 제임스 밀은 이성과 지성을 중요하게 생각했고, 정서나 감정은 낭비라고 생각했습니다.

제임스 밀의 대표적인 저서는 《영국령 인도의 역사》입니다. 그는 당시 영국의 식민 지배를 받고 있던 인도의 역사를 10년에 걸쳐 정리했는데, 인도에 직접 가지 않고 영어로 된 문헌만을 기초로 집필해서 여러 오류를 남겼습니다. 특히 숫자가 인도에서 나왔다는 사실, 인도가 고대부터 지구가 둥글다고 생각했다는 엄연한 사실을 잘못된 것이라고 단정함으로써 서양 중심의 편협한 시각을 드러내기도 했습니다.

둘 열린 마음

엄격한 아버지의 통제 속에 지식을 쌓아 올린 존은
청소년 시절부터 자신의 지식과 학문적 성취에 대해
자부심을 가지고 있었습니다. 하지만 프랑스에서
자유로운 사회 생활을 보고 느끼며 생각이 바뀌게
됩니다.

아버지 제임스 밀은 대영 제국의 국민으로서 다른
나라에 대해 우월감을 가지고 있었으나 존은 그렇지
않았습니다. 존은 프랑스의 사상가 생시몽을 만나며
아버지에게서 받은 교육이 진리가 아닐 수도 있다고
생각하게 되었습니다. 이후 그는 프랑스에 대해 연구하며
아버지가 가르쳐 주지 않은 것에 대해서도 스스로 찾아보며
생각을 정리하기 시작했습니다.

프랑스 사상가 생시몽(1760~1825년).
존 스튜어트 밀의 사상에 영향을 주었습니다.

한편, 존은 성장한 뒤 지식만을 쌓다 보니
정서적인 부분에 결함이 있다는 것을 깨닫게
되었습니다. 그는 그의 아내 해리엇 테일러
밀은 자신과 달리 감성이 풍부하고 공감 능력이
뛰어나다는 사실을 알게 되었고, 해리엇을 통해
그 부분을 보완하고자 했어요. 또한 벤담의
공리주의에 결함이 있다는 생각을 가지고
공리주의를 보완하기도 했습니다.

이는 모두 존이 열린 마음을 갖고 있었기에 가능한
일이었습니다. 만약 존이 자신의 지성에 스스로
도취되어 있었다면 자신의 부족함을 발견하려는
노력조차 하지 않았을 것입니다. 또한 맹목적으로
얻은 지식을 신뢰해 공리주의의 결함도 생각하지
못했을 수도 있겠지요.

존 스튜어트 밀의 동상

존은 공리주의 사상을 발전시켰을 뿐만 아니라, 자유주의와 사회 민주주의 정치 사상의 발전에도 크게 기여하였답니다.

셋 ⟩ 약자를 사랑하는 마음

학자와 사상가로 살아왔던 존은 원래 정치에는 뜻이 없었습니다. 그러다 막상 정치에 뛰어들자 그는 어느 정치인보다도 열심히 노력했습니다. 평소 자신이 생각하던 철학을 현실 정치에서 실현시키고자 했기 때문입니다. 존의 관심사는 주로 약자를 보호하는 일이었습니다. 그는 여성의 정치 참여를 주장하고 노동자들의 권익 보호를 위해 발 벗고 나섰습니다. 당시 여성과 노동자들은 사회적으로 보호를 받지 못하는 약자였습니다.

또한 자메이카에서 이곳의 원주민이 영국군에 대항해 폭동을 일으키자 존은 주저 없이 자메이카인들을 학대한 영국 군인들을 고소했습니다. 영국인이 영국 군인을 고소한 일은 영국인들의 국민 감정을 건드렸고, 결국 존은 많은 영국 사람들의 비난을 받았습니다.

넷 ⟩ 주변 사람들의 도움

해리엇 테일러 밀(1807~1858년)은 존의 아내이자 동료였습니다.

존은 어린 시절부터 아버지 제임스로부터 감정이나 정서는 이성과 지성보다 가치가 낮은 것이라고 배웠고, 스스로 감정을 통제하며 자랐습니다. 때문에 성인이 되어서는 정서적 발달이 부족한 점 때문에 고민했고, 우울증에 빠지기도 했습니다. 이런 존을 도와준 사람이 해리엇 테일러 밀입니다. 해리엇은 감성적인 면이 뛰어나, 음악, 시, 미술과 같은 예술 쪽에 조예가 깊었습니다. 게다가 존과의 대화에서 막힘이 없을 정도로 지적인 여성이었어요.

존은 해리엇을 통해 감정을 공유하고 배울 수 있었습니다. 둘은 함께 연구하고 지적인 교류를 나누며 더욱 가까워졌습니다. 이후, 남편을 잃고 혼자 아이를 키우던 해리엇은 존과 결혼했습니다. 해리엇의 딸인 헬렌은 정치

생활을 끝낸 말년의 존이 다시 사상 연구를 시작할 때,
옆에서 연구를 돕고 응원해 주었습니다.

다섯 독서

존의 독서량은 엄청났습니다. 철학, 문학, 외국어는
물론 세계사, 과학, 지리 등 거의 전 분야에 걸친
학문을 책으로 익혔습니다.
꾸준한 독서를 통해 존은 누구와도 비교할 수
없을 만큼 지적으로 성장해 있었습니다. 특히 책은
존의 사고와 세상을 보는 시야를 넓혀 주었습니다.
또한 오랫동안 책을 읽을 수 있는 집중력과 침착함을
가지게 해 주었지요. 무엇보다 독서는 자신만의
사상과 철학을 완성하는 데 많은 도움이 되었습니다.

존과 그의 의붓딸(아내가 데리고 온 딸) 헬렌

존의 독서법은 우선 훌륭한 사상가들의 책을
읽으며 지식의 기반을 쌓고, 글쓰기를 통해 체계적으로
생각을 정립하는 방식이었습니다. 그리고 토론을 통해 자신의
지식으로 만들었어요. 이 독서법은 지금도 많은 사람들이
따르는 방법이기도 합니다.

who? 지식사전

동인도 회사

존이 정치를 하기 전까지 일했던 동인도 회사는 영국, 네덜란드, 프랑스 등
제국주의를 추구하던 나라들이 인도와의 향신료 무역을 독점하기 위해 동인도에
세운 회사입니다. 이 회사는 군대를 가질 수 있었습니다. 본래 인도 향신료 무역은
에스파냐와 포르투갈이 주도했으나, 1588년 영국이 에스파냐 함대를 격파하면서
인도 향신료 무역에 진출했습니다. 이때 무역 독점을 위해 세워진 회사가 동인도
회사로, 각국의 동인도 회사들은 서로 경쟁하거나 전쟁을 치러야 했습니다. 훗날
동인도 회사는 식민지 통치의 첨병(앞장서서 나섬) 역할을 하였습니다.

영국 동인도 회사

2 새로운 무대가 열린 프랑스

존이 열네 살이 되자 제임스는 본격적으로 공리주의를 가르쳤습니다.

공리주의는 최대 다수의 최대 행복을 실현하는 사상이다. 다시 말해 어떤 행위가 인간의 이익과 쾌락에 얼마나 기여하는가를 따져 선악을 나누는 것이다.

예를 들면 어떤 것이 있죠?

음, 너와 아무것도 모르는 무식한 자가 있다고 생각해 보자.

그뿐이겠니? 넌 둑을 수리할 방법을 찾겠지만, 무지한 자는 뭘 해야 할지 몰라 우왕좌왕하겠지.

무지가 악이군요.

맞아, 무식한 것도 악이다. 세상에 도움이 되려면 사람은 지성을 갖춰야 하지. 그래서 지식이 선악을 나누는 기준이 될 수 있는 거다.

도둑질은 악, 친절함은 선, 무식한 건 악, 지식은 선, 고통은 악, 즐거움은 선, 이렇게 나눌 수 있어. 이제 알겠지?

그리고 선처럼 보이지만 사실은 악인 것이 있다. 바로 종교다.

종교요?

청소년이 된 존에게 제임스가 중요하게 가르친 것 중 하나는 종교에 대한 불신이었습니다. 제임스는 종교에서 말하는 신화적인 이야기들을 걷어 내고 존이 합리적으로 생각하기를 바랐습니다.

네, 아버지.

종교는 인간이 지성을 가지는 걸 방해한다. 종교에 빠지면 사람들은 어려움에 처했을 때 합리적으로 해결하기보다 신에 의지해서 해결하려는 경향이 있다. 이건 지성인의 길이 아니야.

과학적이고 합리적인 생각이 공공의 이익에 도움이 된다. 명심해라. 항상 너의 행동이 공공의 이익에 부합하는지. 즉, 공리에 부합하는 삶을 살고 있는지 말이다.

알겠어요. 아버지, 그런데 공리라는 게 결국 인간의 쾌락을 추구하는 건가요?

그래, 인간을 쾌락으로 나아가게 하면 선이고, 고통으로 나아가게 하면 악이다. 하지만 나는 여기에 조금 더 이야기를 하고 싶구나. 바로 절제다.

절제요? 참아야 한다는 건가요?

그래, 무차별적인 쾌락은 인간을 타락시킨다. 매일 모여서 노래하고 춤만 춘다고 생각해 보자.

그들은 분명히 쾌락을 추구하고 있지만 곧 가난이라는 고통을 맞닥뜨리게 될 거다.

절제하지 않으면 쾌락도 결국 고통을 안겨 줄 뿐이다. 쾌락을 추구하되 절제할 수 있어야 한다.

네, 아버지.

제임스는 그 무렵 벤담이 살고 있는 집 근처로 이사를 갔습니다.

제임스는 그 뒤 존을 데리고 자주 벤담의 집을 방문했습니다. 벤담은 존을 반갑게 맞아 주었습니다.

존! 요즘 절제에 대해서 공부하고 있다지?

네, 선생님.

아직 부족하니까 많이 가르쳐 주십시오.

내가 가르칠 게 있나? 참, 그것보다 여름에 여행을 하려고 하는데 자네와 존도 같이 가겠나?

여행요?

서재에서 책을 읽고 얻는 지식은
제한적이라네. 바깥 세상을 돌며 눈으로
보고 익히면 도움이
될 걸세. 존도 말이야.

저도요?

가, 감사합니다.
선생님.

존은 아버지, 벤담과 함께 옥스퍼드, 브리스틀, 배스,
포츠머스 등 영국의 여기저기를 여행했습니다.

매일같이 서재에서만 공부하던 존에게 이 여행은 무척
인상적이었습니다.

아, 자연 속에 있다는 게
이런 기분이구나.
이런 자유로움과 해방감은
한 번도 느껴 보지 못했던
감정이야.

가자, 존.

네, 아버지!

밤하늘에는 별자리가 보이는데 낮에 본 하늘은 어떻더냐? 구름의 형태라든가 태양의 각도, 바람의 방향은?

네? 그건······.

하하. 제임스, 가끔은 아무 생각 없이 누워 있는 것도 괜찮아.

아, 그렇군요. 죄송합니다.

존에게 여유를 주는 것도 중요해.

여긴 어딥니까?

내 동생 새뮤얼의 집이라네. 지나는 길이니 들렀다가 가자고.

형님, 연락도 없이 어쩐 일이십니까?

여행 중에 들렀단다. 이쪽은 제임스, 그리고 이쪽은······.

안녕하십니까? 존 스튜어트 밀입니다.

오호! 아직 어린데 꽤 의젓하군.

존이 너보다 더 많은 지식을 가지고 있을 거야.

요 꼬맹이가 그렇게 똑똑하단 말입니까?

새뮤얼은 의젓하고 똑똑한 존을 마음에 들어 했습니다.

형님 말씀대로 존은 철학, 수학, 종교, 역사, 과학, 생물학 모르는 것이 없더군요.

과찬이십니다.

새뮤얼, 이번에 프랑스로 가지 않니? 괜찮다면 존을 데리고 가지 그래?

존을 데리고요?

그래, 존은 바깥세상에서 배운 게 부족하거든. 다른 나라의 문물을 보면서 책에서 배우지 못한 것들을 깨달을 수 있을 거야.

전 좋습니다. 제임스 씨가 허락만 한다면요.

존에게 좀 더 넓은 세상을 체험하게 해 주신다면 저야 감사하지요.

좋습니다. 저도 존이 무척 마음에 듭니다. 그렇게 하죠.

존은 새뮤얼을 따라 1년간 프랑스에서 지내게 되었습니다. 새뮤얼의 배려로 존은 대학에서 화학, 생물학, 형이상학 등의 강의를 들을 수 있었습니다.

새뮤얼은 또한 존을 프랑스 사교계에 데리고 다녔습니다.
존은 사교계를 통해 생시몽 같은 프랑스의 지성과도
교류할 수 있었습니다.

네, 정말 많은 걸
알고 있죠.

이 아이가 영국에서
온 천재 소년이군요.

생시몽은 프랑스의 사상가입니다. 뒷날 마르크스는
생시몽의 이론을 참고해 사회주의 이론을 세웠습니다.

너의 지식은 꽤
훌륭하구나.
어떻게 그렇게 많이
배운 거냐?

저희 아버지는
제가 올바른 지식을 쌓고
올바른 길로 나아가는 것이
공리에 부합된다고
하셨습니다.
전 공리를 위해
많은 지식을
쌓았습니다.

공공의 이익을 위해 쌓은
지식이라. 다른 사람을 위해
사용하려고 공부했구나.
하지만 그렇게 한 공부는 자칫
오류에 빠질 수도 있지.

오류요?

몇몇 배운 사람들이 세상을 이끌어 가야 한다는 오만함으로 발전할 가능성이 있단다.

그래서 아버지께서는 항상 저에게 겸손하고 절제할 것을 가르치셨습니다.

그러냐? 그럼 한 가지 더 물어볼까? 너의 지식은 너 스스로 생각하는 것이냐, 아니면 배운 것을 그대로 외우고 있는 것이냐?

네?

이제까지 존은 아버지가 가르쳐 주는 대로 공부했습니다. 그렇게 얻은 지식이 곧 진리라는 것에 의심을 한 적이 없었습니다.

그게 무슨 말씀인지?

네가 알고 있는 것이 모두 진리라고 생각하니? 공공의 이익을 추구하는데 개인의 자유를 먼저 추구하면 안 되는 것이냐?

공공의 이익보다 개인의 자유로운 삶을 더 가치 있게 생각하는 것이 프랑스의 자유주의였습니다. 하지만 자유주의는 지금까지 공리를 위해 살아온 존의 머릿속을 복잡하게 만들었습니다.

자유요?

하하, 곤란하게 했다면 미안하구나. 아직 어린애한테 너무 많은 말을 했군. 언젠가 너 스스로 깨닫게 될 때가 오겠지.

존은 프랑스 사람들과 사귀면서 계급과 지위에 상관없이 개인의 자유를 추구하는 삶도 있다는 것을 알았습니다.

아, 이 따스한 햇빛!

참, 강아지 밥을 안 주고 나왔네.

1년 뒤, 존은 프랑스에서 돌아왔습니다. 프랑스에서의 1년은 책 속에서만 지식을 추구하던 존에게 새로운 학문의 계기를 일깨워 주었습니다. 그리고 존에게 자유에 대한 호기심을 가득 채워 주었습니다.

아아!

프랑스 대혁명은 부패한 왕조를 국민 스스로가 끌어내리고 국민 대표가 나라를 이끄는 공화정을 세운 혁명입니다. 나라의 주인이 왕과 귀족에서 시민으로 바뀐 기념비적 사건이었습니다.

민주주의! 왕이 아니라 국민이 나라의 주인이 된다. 이것이 프랑스 대혁명에서 실현되었구나.

왕을 폐위하라! 왕비를 처형하라!

그래서 프랑스인들의 생각이나 행동이 그처럼 자유로웠던 거구나. 이미 그들이 주인이 되는 혁명을 겪었기 때문이야.

멋지다. 최고 권력자인 왕을 상대로 아무것도 아닌 민중들이 힘을 합쳐 싸워 이기다니.

존은 프랑스 대혁명에 한동안 빠져 있었습니다. 그는 영국에도 민주주의의 가치가 들어와야 한다고 생각했습니다.

영국은 아직 진정한 민주주의라고 할 수 없다. 나는 민주주의의 투사가 될 거야!

당시 영국은 의회에서 정치를 하였으나 왕의 권위도 살아 있었습니다.

완전한 민주주의를 위해선 왕이 없거나, 있어도 그 존재를 드러내선 안 돼. 그건 민주주의가 아냐.

존의 관심은 한동안 민주주의에 쏠렸습니다.
그렇게 점점 자라 어엿한 청년이 되었습니다.

존, 이야기 좀 해도
괜찮니?

물론이죠. 아버지.

너도 이제 선택을 할 시간이
되었다. 대학을 갈 거니,
직장에 다닐 거니?

대학요?
아버지도 아시잖아요.
대학에서 가르치는 것은
지금 제가 알고 있는
지식 수준보다 낮아요.

물론 그렇지.
누가 널 교육했는데.
하하하.

존은 대학에 가는 대신 동인도 회사 서기로 일을 시작했습니다.
존은 서기로 일하면서도 저술이나 연구 활동을 계속할 수 있었습니다.
이제 갓 사회에 나온 존은 자신감에 차 있었습니다.

존이 살았던 시대의 영국과 프랑스

하나 **강대국 영국**

존이 아홉 살 무렵 영국은 워털루에서 나폴레옹이 이끄는
프랑스 군대와 전쟁을 치러 승리합니다. 나폴레옹은
한때 황제를 꿈꾸었던 프랑스의 명장이었습니다. 이
전쟁은 사실상 영국과 프랑스가 세계의 패권을 놓고 치른
전쟁이었어요. 여기서 영국이 승리하면서 영국은 세계
최강 대국의 입지를 다졌습니다.

존의 아버지 제임스는 스코틀랜드 출신이었지만
자신이 대영 제국의 일원인 것을 자랑스러워했습니다.
그는 앞으로 세상이 영국을 중심으로 움직일 것이라
생각했습니다. 그런 영국을 이끌어 나갈 지성인으로
만들기 위해 존에게 엄격한 천재 교육을 시켰습니다.

워털루 전투에서 나폴레옹을 무찌른
영국의 웰링턴 장군

who? 지식사전

요크 공작 제임스

토리당과 휘그당

1660년부터 1685년까지 영국을 통치하던 찰스 2세에게는 왕위를 물려줄 자식이
없었습니다. 때문에 다음 왕으로 요크 공작 제임스를 주목하고 있었습니다. 그러나
제임스는 로마 가톨릭 신자였어요. 곧 성공회를 국교로 삼는 영국에서 가톨릭 교도를
국왕으로 받아들이는 것에 대해 논란이 생겼습니다. 결국 제임스의 즉위를 인정하는 측과
인정하지 않는 측으로 나뉘어 격렬한 논쟁을 벌였습니다.

제임스의 즉위를 반대하는 쪽에서 찬성하는 쪽을 가리켜 '토리(Tory)'라고 불렀는데,
그 의미는 '불량' 혹은 '도적'이라는 뜻입니다. 한편 즉위를 찬성하는 쪽에선 반대하는
쪽을 가리켜 '휘그(Whig)'라고 불렀고, 이는 스코틀랜드어로 '모반자', '말 도둑'이라는
의미였습니다. 이렇게 토리와 휘그로 나뉜 두 그룹은 이후 영국 양당 정치의 기원이
되었으며 토리당과 휘그당으로 발전합니다. 오늘날에는 1830년대 휘그당이 자유당으로,
1840년대 토리당이 보수당으로 전통을 이어 양당 체제가 이어지고 있습니다.

둘　영국의 정치 상황

당시 의회는 토리당과 휘그당이 번갈아 가며 정권을 잡고
있었습니다. 왕은 명예혁명 때 귀족들과의 권력 다툼에서
지면서 그 정치적 입지가 매우 제한되어 있었으나,
지금 영국의 왕처럼 왕의 정치적 권한이 전혀 없는 것은
아니었습니다. 존이 프랑스의 7월 혁명에 감명을 받고 있을
때 영국의 왕은 윌리엄 4세였습니다. 그는 우유부단한 면도
있었지만, 왕으로서 어느 정도 힘을 가지고 있었습니다.
반면 오늘날 영국의 왕은 '존재하되 군림하지 않는'
사람입니다. 왕이 정치에 전혀 관여하지 않고 국가의
상징으로 기능하는 것이지요. 이렇게 된 것은 윌리엄 4세에
이어 1837년 즉위한 빅토리아 여왕 때부터입니다. 빅토리아
여왕은 존이 서른한 살 때 즉위해, 오늘날 영국 왕의
본보기를 만든 여왕입니다.

빅토리아 여왕(1819~1901년)

셋　산업 혁명의 완성

존이 살았던 시절은 바로 영국이 세계 최강 대국의
지위를 누리던 시기였습니다. 이것은 18세기 말에 시작된
산업 혁명의 영향이었습니다.
18세기 후반에 제임스 와트의 증기 기관이 발명되면서
영국은 공장이 주도하는 공업 국가로 탈바꿈합니다.
수작업으로 물건을 생산할 때와는 비교할 수 없을
정도로 물건의 생산량이 많아졌고 이를 식민지에 팔아
막대한 수입을 올렸습니다. 영국은 그렇게 축적한 부로
본토의 생활 수준을 향상시킬 수 있었습니다.
한편 경제적으로 여유가 생긴 영국은 끊임없이
무기를 생산해 내었고, 이 무기들은 다시 식민지를 건설하고
지배하는 데 사용되었습니다.

산업 혁명을 일으킨 증기 기관

넷 영국의 문학

전 세계에 걸쳐 식민지를 둔 영국은 부유했습니다. 영국인들은
삶에 여유가 있었고 번영을 누리며 살았습니다. 그런 영국
귀족들의 모습은 하나같이 신사처럼 보였어요. 이것이 영국을
두고 '신사의 나라'라는 별칭이 생긴 이유이기도 합니다.
하지만 10세기에 번영을 누리는 귀족과 달리 노동자와 같은
서민은 빈민으로 전락해 어렵게 살아가고 있었습니다.
이런 시대적 분위기 속에서 많은 문학가들이 탄생했습니다.
존 스튜어트 밀과 거의 같은 시대를 살았던 찰스 디킨스는
작품을 통해 영국에서 어렵게 살아가는 빈민들의 이야기를
다루었습니다. 구두쇠 스크루지의 이야기를 다룬
《크리스마스 캐럴》, 고아 소년의 이야기《올리버 트위스트》,
노동자들의 애환을 담은《데이비드 코퍼필드》등을
펴냈습니다.
토머스 하디 역시 영국의 어두운 이면을 많이 다루었는데,
그는《테스》를 통해 차별과 억압을 받는 여성의 삶에
주목했습니다.
극장에서는 연극 공연이 활발하게 펼쳐지기
시작했습니다. 그 당시 수많은 극장이 생겨 오늘날
런던 웨스트엔드 거리에는 50여 개의 극장이 몰려
있습니다. 현재 미국의 브로드웨이와 함께 영국의
웨스트엔드는 뮤지컬, 연극 공연의 거리로 세계에서
양대 산맥을 이루고 있습니다.

찰스 디킨스(1812~1870년)는 영국
서민의 모습을 소설로 써냈습니다.

영국 런던 웨스트엔드의 한 극장 © Matt May

다섯 존이 머물렀던 나라 프랑스

존은 청소년 시절 제러미 벤담의 동생 새뮤얼을 따라
프랑스 파리에 1년간 머물렀습니다. 프랑스에서는 1815년,
워털루 전투에서 패한 뒤 나폴레옹을 피해 달아났던 왕족들이

돌아오며 왕 중심의 정치 체제를 다시 세우는 일이 이루어지고
있었습니다. 하지만 대혁명을 일으켜 왕을 쫓아냈던 프랑스
시민들은 다시 왕이 나라를 통치하길 원하지 않았습니다.
그보다 자유주의에 대한 갈망이 더 커져 갔지요. 존이
프랑스를 처음 방문했을 때는 바로 그런 시절이었습니다.
프랑스 시민들은 왕이 통치하는 나라를 원하지 않았으며,
뒷날 7월 혁명과 2월 혁명을 통해 프랑스의 왕정을 완전히
무너뜨리고 시민의 나라를 세웠습니다.

who? 지식사전

프랑스 혁명

1. 프랑스 대혁명

1789년 7월 14일~1794년 7월 28일에 발생한 혁명으로, 뒤에 일어난 7월 혁명, 2월
혁명과 구분하기 위해 대혁명으로 부릅니다.
프랑스의 왕 루이 16세는 경쟁국 영국이 미국으로 진출하는 것을 막기 위해,
영국으로부터 독립을 선언하고 독립 전쟁을 치르는 미국을 원조해 주었습니다. 이로
인해 프랑스는 재정난에 빠집니다. 하지만 프랑스 전체가 경제난에 허우적대는데도
왕가는 화려한 생활을 계속했고, 이는 지탄의 대상이 되었습니다. 왕비 마리
앙투아네트의 사치로 국가 재정이 파탄났다는 소문이 돌자, 결국 프랑스 시민들은
일제히 일어나 왕과 왕비를 처형하고 시민이 나라의 주인이 되어 통치하는 공화정을
세웠습니다. 이 사건은 당시 주변국에 많은 충격을 주었습니다.

루이 16세(1754~1793년)는
프랑스 대혁명으로 처형되었습니다.

2. 7월 혁명

공화정이 시민의 기대를 충족시키지 못하자 프랑스의 영웅으로 떠오르던 나폴레옹은
스스로 황제의 자리에 오릅니다. 그러나 나폴레옹은 황제 자리를 놓고 권력 다툼
속에서 폐위와 복위를 반복하다 워털루 전투의 패배로 기반을 잃고 맙니다. 이에 루이
18세가 왕위에 오릅니다. 루이 18세의 뒤를 이어 왕이 된 샤를 10세는 절대 왕정의
부활을 꿈꾸었습니다. 프랑스 국민들은 절대 왕정을 부활시키려는 샤를 10세에 맞서
7월 혁명을 일으켰고, 루이 필리프를 새 왕으로 추대했습니다. 루이 필리프는 프랑스
시민들의 뜻에 따라 입헌 군주제 아래, 상징적인 왕으로만 자리하게 되었습니다.

7월 혁명을 주제로 한 〈민중을
이끄는 자유의 여신〉

3. 2월 혁명

입헌 군주제가 시행되자 이번에는 왕 대신 소수의 귀족이 권력을 잡았습니다. 권력을
잡는 계층만 달라졌을 뿐 생활에 나아짐이 없자 상인과 농민들은 1848년 2월, 다시
혁명을 일으켰습니다. 2월 혁명으로 프랑스에서는 왕이 완전히 사라졌습니다.

3 지식과 정서

존은 사람들이 무슨 이야기를 하며 살아가는지를 보려고 가끔 거리에 나갔습니다.

줄리엣을 사랑한 로미오는 결국 죽었지 뭐야? 어쩌나 슬프던지.

너무 가슴 아파. 죽음으로밖에 이룰 수 없는 사랑이라니.

하하, 데이비드는 정말 재미있는 친구라니까?

배꼽 빠지겠어.

그러던 어느 날, 존은 문득 자신이 사람들의 슬픔과 기쁨 같은 감정을 공유하지 못하고 있다는 사실을 깨닫게 됩니다.

뭐지? 내가 이상한가? 왜 저들의 감정을 이해할 수 없는 거지?

뭔가 이상해!

멈칫

존은 자신에게 감정의 동요가 없다는 것을 깨달았습니다.
슬픔이나 기쁨 같은 것을 머리로만 이해하고 있을 뿐 어떤 감정도
느낄 수 없었습니다.

감정이 사라져 버렸어! 그래서 내가
사람들을 이해하지 못했던 거야!

그뿐만이 아니었습니다. 불현듯
존은 자신에게 인생의 목표가
없다는 것을 깨달았습니다.

넌 스스로 생각하는
것이냐, 배운 것을
그대로 외우고 있는
것이냐?

아버지, 절 좀
내버려 두세요.
지금은 아무것도
할 수가 없어요.

존!

존의 우울증은 오랫동안 계속되었습니다.
존은 하루 종일 방에서 멍하니 있을 뿐이었습니다.

이후 존은 음악, 미술, 전원 생활을 노래한 윌리엄 워즈워스의 시에 적극적으로 관심을 가지게 됩니다.

신기해. 단지 운율을 흥얼거리는 것만으로도 기분이 좋아졌어.

존?

아, 아버지.

방금 신사답지 못하게 떠돌이 악사처럼 노래를 흥얼거린 것이 너냐?

네, 아버지.

뭐라고?

지식에는 정서적 교감이 무척 중요하다고 생각했습니다. 이제부터 음악, 미술, 시에 관심을 가져 보려고요.

정서적 교감이라니?

터키 군대를 물리친 기사단이 기쁨에 젖어 있는 부분을 읽을 때 전 그런 감정을 느낄 수 없었습니다.

그저 추상적으로 기쁘다고 생각했을 뿐이었습니다.

하지만 그들의 기쁨이 마음으로 전해지자 그전과는 전혀 다른 느낌을 받았어요.

와하하하

그런 감정 따위는 필요 없어. 중요한 건 사실을 인지하는 것이다.

전 그렇게 생각하지 않아요. 전 벤담 선생님의 공리주의에도 오류가 있다고 생각해요.

존은 아버지가 추종한 벤담의 공리주의에 대해서도 다시 한번 고민해 보게 됩니다. 제임스는 그런 존의 변화를 받아들이기 어려웠습니다.

그게 무슨 소리냐? 공리주의에 오류가 있다니?

지금 우리가 추구하는 공리주의는 쾌락의 양만을 추구하고 있어요. 많은 즐거움을 얻는 것이 곧 선이라고 말하고 있죠.

그런데?

하지만 그건 옳지 않아요. 쾌락의 질도 중요합니다.

쾌락의 질이라니? 모든 쾌락은 결국 같은 것이다.

아니에요, 아버지. 쾌락의 양과 함께 정서적 교감이 있어야 해요. 이것이 질적인 쾌락이죠.

무슨 소리야? 그건
그저 너의 생각일 뿐이다.

맞아요.
저의 생각이죠.

우울증을 겪고 난 뒤, 존은 남의 생각을 그대로 받아들이는 것에서 벗어나 자신만의
생각을 하기 시작했습니다. 더 이상 존은 그저 아버지가 가르쳐 주는 대로 받아들이는
아이가 아니었습니다.

왜 예전엔 책에 적혀 있는
말에 의심조차 하지
않았던 거지?
책이 언제나
옳지는 않아.

존은 아버지와 때로는 논쟁을 하며 자기의 생각을 정리해 나갔습니다. 그러면서 존은
사회 현상에 대해 연구하기 시작했고 '위클리프'라는 필명으로 〈모로 크로니클〉이라는
잡지에 원고를 기고했습니다.

존의 원고는 당시 사회 통념에서 벗어나는 것이었기에 큰 논쟁을 불러왔습니다.

〈모로 크로니클〉은 이후 급진적 공리주의의 대표적인 잡지가 됩니다.

세상에. 위클리프가 대체 누구야? 기독교를 부정하다니.

이 잡지가 추구하는 방향은 개혁에 가까워.

영국의 사법, 형벌 제도에 문제가 많다고? 도대체 어떤 녀석이야?

누가 이런 생각을 하는 거지?

한편 그즈음 프랑스는 요동치고 있었습니다. 프랑스 대혁명에 이어 7월 혁명이 일어났던 것입니다.

와아아아

프랑스에서 혁명 이후 왕이 사라지자, 장군
나폴레옹이 스스로 황제가 되기도 했습니다.

이제부터 내가
프랑스의 왕이다.

이에 나폴레옹을 물리치고 샤를 10세가 프랑스의 왕이 되었는데, 프랑스 국민들은
샤를 10세를 다시 무너뜨렸습니다. 이것이 7월 혁명입니다.

프랑스는 왕을
원하지 않는다.

프랑스는
국민의 것이다!

7월 혁명이 일어났다는 소식을 들은 존은 곧바로 프랑스로 향했고, 그곳에서
생시몽 학파 사람들을 만났습니다. 생시몽 학파는 이제는 고인이 되어 버린
생시몽을 존경하고 그의 사상을 따르는 사람들이 주를 이루고 있었습니다.

정말 놀랍군요.
프랑스의 국민들이 왕가의
잔재까지 몰아내었어요.

이제야 대혁명이
완성될 것 같네. 프랑스 시민들이
스스로 세운 나라를
지켜 낸 것이나 마찬가지.

귀족도 아니고, 많이 배우지도 못한 보통의 시민들이 주체가 되어 나라를 바꾸다니.

그래, 이것이 바로 혁명이지! 프랑스 시민은 전 세계에 그 힘을 보여 줬어.

지식이 많지 않아도 인류는 스스로 바른길을 찾아갈 능력이 있다. 이것을 공리주의적으로는 어떻게 해석해야 하는 걸까?

존은 많은 교육을 받지 못한 사람들도 본능적으로 올바른 길로 향한다는 것을 느꼈습니다.

한편, 7월 혁명은 전 유럽에 영향을 끼쳤습니다. 왕이 통치하는 영국에서도 7월 혁명의 영향을 받아 곳곳에서 혁명 운동이 일어났습니다.

나라의 주인은 국민이다! 왕은 국민을 위한 정책을 펼쳐라!

세상이 혁명의 열기로 들끓었지만 제임스는 혁명을 위해 폭력이 사용되는 것에 분개했습니다.

이런 한심한 놈들!

존, 존! 어디 있느냐?

네, 아버지.

혁명인지 뭔지 때문에 사람들이 폭력을 사용하고 있어. 넌 프랑스에 갔다 왔지? 이런 사태를 어떻게 생각하느냐?

막을 수 없는 흐름이라고 생각합니다. 나쁘다고 보지도 않습니다.

뭐라고? 폭력이 나쁘지 않다는 거냐?

폭력 자체는 나쁘지만, 혁명에서 폭력은 불가피하다고 생각해요.

무슨 소리야?
넌 내가 가르쳐 준
공리주의를 잊은 거냐?
폭력은 인간에게
고통만 주는 악이다!

그런데도 넌 혁명을
위해 폭력을
쓰는 것을 옹호한단
말이냐?

하지만 지금 발생하는
폭력은 이제까지
부당한 대우를
받아 온 사람들이
그것을 깨뜨리고
행복해지기 위해
사용하는
것입니다.

뭐, 뭐라고?
진심이냐?

누군가 폭력을
이용해 혁명을
주장한다면 그것은
잘못된 것입니다.
하지만 혁명을 위해 폭력이
발생했다면 꼭 그것이
잘못되었다고 할 수는
없습니다.

그 뒤 아버지와 존은 사상적으로 갈등을 하며 평생 논쟁을
벌이게 됩니다. 처음엔 갈등으로 시작했으나 나중에는
둘 다 순수하게 논쟁을 즐기게 되었습니다.

존, 네 생각은 틀렸어.
그게 아니라니까!

아버지가 조금만 생각을
바꿔 보시라니까요?

존은 이렇게 아버지가 가르쳐 준 벤담의 공리주의에서 스스로 멀어지고 있었습니다.
존은 자신의 생각을 〈웨스트민스터 리뷰〉라는 잡지에 글을 기고하며 발전시켜 나갔습니다.

그리고 어느새 존은
젊은 사상가로 이름을
떨치기 시작했습니다.

존 스튜어트 밀에게 영향을 준 사람

하나 | 제러미 벤담

제러미 벤담은 영국의 법학자·철학자입니다. 12세에
옥스퍼드 대학교에 입학하여 법학을 공부하고, 15세에 졸업한
천재였어요. 본래는 변호사였으나 철학에 몰두하여 당시의
잘못된 법률을 비판하였고, 평생토록 이치에 맞는 법을
만드는 운동을 벌였습니다.

그는 당시의 영국 법이 특정한 계층을 위한 법이라 하고, 그에
반대하는 운동을 벌였습니다. 그러한 과정 속에서 모두가
다 같이 동등한 사회의 일원으로서 보편적 행복을 추구해야
한다는 사상을 만들어 냅니다.

이것이 '최대 다수의 최대 행복'을 추구하는 공리주의예요.
공리주의의 정신에 입각해 벤담은 자유 경제, 정치와
종교의 분리, 표현의 자유, 양성평등, 동물의 권리 등을
주장했습니다. 또 보통 선거, 비밀 투표 등을 주장하여 세계
각국의 법에도 큰 영향을 미쳤습니다. 이러한 벤담의 주장은
선거의 4대 원칙이 확립되는 데 기여했습니다.

그는 공리주의 사상에 입각하여, '최대 다수의 최대

영국의 법학자 제러미 벤담(1748~1832년)

who? 지식사전

대부분의 민주 국가는 선거의 4대 원칙을
지킵니다. ⓒ Rama

선거의 4대 원칙

보통 선거: 일정한 연령에 이른 모든 사람에게 투표권을 주는 것. 과거에는 여자나
　　　　　　 신분이 낮은 사람은 투표를 할 수 없었습니다.
직접 선거: 투표권을 가진 사람이 직접 투표해야 합니다.
비밀 선거: 누가 누구에게 투표했는지 모르게 투표하는 것입니다.
평등 선거: 지위의 높고 낮음, 생활 수준, 학력 등을 따지지 않고 투표권자는 같은
　　　　　　 가치의 투표권을 가진다는 뜻입니다.

행복'이라는 기준에 따라 역사적·전통적인 제도와 사상을
검토하였고 구체적 개혁안을 제시했습니다. 그는 상세한 법전
편찬의 필요도 주장했습니다.

둘 ❯ 생시몽

클로드 앙리 드 루브루아 생시몽은 프랑스의 사상가이자
경제학자입니다. 계몽주의 사상의 영향을 받으며 자랐고,
나중에는 공상적 사회주의를 연구합니다. 생시몽은
열여덟 살 때 미국 독립 전쟁에 참전했는데, 이때 미국의
산업 발전에 충격을 받게 됩니다. 그는 조국 프랑스가
발전하려면 변화가 일어나야 한다고 생각하고, 귀국해서는
프랑스 혁명에 찬성했습니다.

생시몽(1760~1825년)은 마르크스와 존 스튜어트
밀의 사상에 영향을 주었습니다.

생시몽은 재산이 많아 부유했으나 많은 돈을
연구에 사용하여 매우 가난해졌습니다. 하지만 그는
정치·경제·사회 등에 관한 연구를 멈추지 않았어요.
생시몽은 그의 책을 통해 봉건 영주와 산업자가 서로 협력하는
새로운 사회를 건설해야 한다고 주장했습니다. 그의 사상은
마르크스의 사회주의 이념과 존 스튜어트 밀의 사상에 영향을
주었습니다.

공상적 사회주의

구체적인 방법보다는 '이렇게 되는 것이 좋다'라는 관념에 머물러 '공상적 사회주의'
또는 '이상적 사회주의'라고도 합니다. 이 사상은 마르크스의 과학적 사회주의를
거치며 변했습니다. 여러 계급이 함께 사회주의를 이루는 것은 현실적으로 불가능하며,
노동자 계급이 자본가 계급을 상대로 혁명을 일으켜 사회 질서를 완전히 뒤바꾸어야
한다는 쪽으로 의견이 모아졌어요. 이에 러시아, 중국, 쿠바 등지에서 사회주의 혁명이
일어났습니다.

카를 마르크스(1818~1883년)

셋   해리엇 테일러 밀

해리엇 테일러 밀은 존 스튜어트 밀의 아내이자 함께 연구를
한 동료였습니다. 존은 사상가들과 교류를 즐기던 테일러의
초대를 받고 집에 방문했다가 테일러의 부인인 해리엇을
만납니다. 해리엇 테일러는 아름다웠고 예술을 사랑했으며
당시 여성으로는 보기 드물게 교양과 지성을 겸비하고
있었습니다. 존은 해리엇이 자신과 이야기가 잘 통한다고
여겨 20여 년간 정신적, 사상적인 친구로 지냈습니다.
이렇게 테일러 부부와 존은 허물없이 왕래하며 친분을
쌓았습니다. 테일러는 아내 해리엇이 존의 연구에 도움이
되는 정신적 친구라는 것을 알고 있었기에, 아내를 존의
연구실로 보내 연구를 돕게 하기도 했습니다.
세월이 흘러 테일러가 사망한 뒤 존은 해리엇에게
청혼해 결혼합니다. 그 뒤 두 사람은 함께 연구하기
시작했고, 존은 해리엇에게서 많은 도움을 받았습니다.
존은 해리엇과 부부로서 함께한 생활 속에서 드디어 행복,
기쁨, 즐거움, 슬픔, 안타까움, 괴로움 등 수많은 감정들을
제대로 경험합니다.
해리엇이 죽은 뒤 존은 그녀와 함께 연구했던 결과물들을
속속 발표했습니다. 뒷날 존은 자서전에서 자신의 인생과
사상에 가장 큰 영향을 끼친 인물로 해리엇 테일러 밀을
꼽으며 그녀를 기렸습니다.

해리엇 테일러 밀은 존의 아내이자 동료였습니다.

《국부론》을 저술한 경제학의 아버지 애덤 스미스
(1729~1790년)

넷   데이비드 리카도

데이비드 리카도는 영국의 경제학자입니다. 유대인으로
애덤 스미스의 《국부론》을 읽고 경제학 연구에 뜻을 두어
경제학과 자연 과학 연구에 전념했습니다. 마침 그의
아버지가 런던 증권 거래소의 중개인이어서, 증권 거래에

대해 많은 것을 배울 수 있었습니다.

그는 1809년 《금의 가격》과 《떨어진 곡물값이 자본 이윤에 미치는 영향》, 그리고 1817년 《경제학 및 과세의 원리》를 발표함으로써 경제학자로서의 지위를 굳혔습니다. 이어 노동 가치설, 차액 지대론 등 여러 법칙을 발표했는데 이것들은 부가 귀족에게만 집중되지 않도록 사회에 환원하고 분배해야 한다는 내용이었습니다. 그 밖에도 잉여 가치론, 이윤율 저하 이론, 국제 무역 이론 체계, 비교우위론 등을 완성하여 경제학에 큰 영향을 끼쳤습니다.

데이비드 리카도(1772~1823년)는 영국의 유명한 경제학자입니다.

<table>
<tr><td>다섯</td><td>**윌리엄 워즈워스**</td></tr>
</table>

윌리엄 워즈워스

존의 정서적 함양에 도움을 주었던 사람이 있는데, 바로 영국의 낭만주의 시인인 윌리엄 워즈워스입니다. 워즈워스는 고독한 소년 시절을 보내지만, 그가 자랐던 코커마우스의 아름다운 자연이 위안이 되었습니다. 이 영향으로 뒷날 많은 전원시를 남겼습니다. 그는 1790년 프랑스로 건너가 프랑스 혁명의 열광 속에서 혁명을 옹호했으며 1797년 시인 콜리지와 교류하면서 많은 영향을 받았습니다. 이듬해 두 시인은 공동 시집 《서정 가요집》을 발표하여 영국 낭만주의의 중심이 되었습니다. 그는 자연의 미묘한 아름다움을 깊이 관찰하고 사랑과 고요함을 노래하여 영국의 대표적인 시인으로 떠올랐습니다. 1843년에는 정부로부터 '계관 시인'이라는 칭호를 얻게 되었어요. 계관 시인은 가장 명예로운 시인에게 내리는 칭호였지요.

영국 낭만주의 시인 윌리엄 워즈워스(1770~1850년)

4 진정한 친구 해리엇

1830년, 존은 테일러의 초대를 받게 됩니다. 테일러는 영국의 실업가로 사상가와의 교류를 즐기는 사람이었습니다.

어서 오세요. 존 스튜어트 밀 선생.

그냥 존이라고 부르셔도 됩니다, 테일러 씨.

하하, 그러죠. 이쪽은 제 아내 해리엇입니다.

안녕하세요?

초대해 주셔서 감사합니다, 부인.

자, 이쪽으로 오시죠.

쪼르르

초대에 응해 주셔서 감사합니다. 전 사상가들과 함께 이야기 나누는 걸 무척 좋아해요. 당신은 꼭 만나 보고 싶었어요.

테일러는 정치적 *망명가에게 피난처를 제공해 주는 등 정치, 사상 쪽에 관심이 많았습니다. 존도 그런 테일러와 마음이 잘 맞았고, 두 사람은 오랫동안 이야기를 나누었습니다.

*망명가: 혁명 또는 그 밖의 정치적인 이유로 자기 나라에서 박해를 받거나, 박해를 피하기 위해 외국으로 간 사람

제 이야기를 이렇게 경청해 주시는 분은 아버지 이후로 처음입니다.

완벽히 제 생각과 같군요, 존.

여보, 당신도 이리 와서 같이 얘기하자고. 존과 나는 아주 멋진 친구가 될 것 같아.

제가요? 그래도 되겠어요?

전 좋습니다, 부인.

테일러의 아내인 해리엇은 지식과 교양이 뛰어난 사람이었는데 대화에 참여하기보다 존의 사상과 생각을 듣는 것을 좋아했습니다. 세 사람은 매우 친밀한 관계가 되었습니다.

존과 테일러 부부는 자주 왕래하며 친교를 맺었습니다. 그러던 어느 날이었습니다.

존 씨군요. 남편은 조금 있다 돌아올 거예요.

그럼 응접실에서 기다리겠습니다.

감사합니다, 부인.

철학에 대해 궁금한 게 있는데 여쭤봐도 될까요?

물론이죠. 말씀하세요.

전 사실 철학보다는 예술에 관심이 많아요. 그래서 어려운 이야기를 하는 사상가를 만나면 존경스럽더라고요.

예술요?
이를 테면
어떤 거죠?

음악, 미술, 시.
그런 것들요.

해리엇은 예술에 대한 조예가 깊었습니다. 스스로
정서적으로 부족하다고 생각하고 있던 존은 그런
해리엇의 모습이 무척 인상적으로 다가왔습니다.

오히려 제가 부인에게
배우고 싶군요. 제가
정서적 교감이 조금
약해서요.

어머! 전 선생님의
냉철한 사상이
좋던걸요?

그래요?
하하.

존은 자신에게 부족한 정서적인 면을 해리엇이 채워 줄 수 있다고 생각했습니다.
해리엇 역시 유능한 사상가인 존을 존경하게 되었습니다.

호호

하하

네 친구들이 *하원 의원에 당선되었구나.

이 친구들이 어떤 정치를 펼칠지 기대가 커요. 이 나라를 개혁하겠죠.

요즘 연구하는 건 어떠니?

잘되고 있어요. 요즘은 즐겁게 토론할 상대도 있고요.

테일러 부부 말이냐?

네, 그분들이죠.

테일러 씨는 몰라도 그 아내와는 너무 자주 어울리지 말아라. 배우지 못한 여자들과 이야기해 봐야 득 될 것도 없지 않겠니!

그렇지 않아요. 테일러 부인을 보고 있으면 여자들에 대한 사회적인 인식이 바뀌어야 한다는 생각이 들어요.

*하원 의원: 국민이 직접 뽑아 국회를 구성하는 의원

거기다 그녀는 저에게 부족한 감정적, 예술적인 부분을 채워 주기도 해요. 어떤 면에서는 테일러 씨보다 해리엇 부인이 더 도움이 돼요.

그래?

존의 이야기를 들은 제임스는 존에게 새로운 토론 상대가 생겼다는 사실을 기쁘게 받아들였습니다.

너도 이제 사회에서 말이 통하는 친구가 생겼구나. 좋은 일이야.

한편, 정치에 나선 존의 친구들은 존의 기대에 미치지 못했습니다.

너와 교류하던 사상가들은 입만 살아 있지 실제로는 아무것도 못하는 샌님들이었어.

하지만 어쩔 수 없는 부분도 있어요. 지금의 정치 상황에서 뭔가 해 보려면 엄청난 지도력을 갖춘 사람이 나타나야 하거든요. 그들이 대단한 지도자감이 아니었다고 나무랄 수는 없어요.

결국 유능한 정치인이
나와야 한다는 거구나.

유능하고 학식과 정치적
식견도 깊어야 해요.
사람들에게 존경받아야 하고요.
그 정도가 아니면 정치에
뛰어들어 봤자 아무것도 못하고
사라지고 말 거예요.

그런 정치인이 과연
언제 나타날지……

언젠가는 나타나겠죠.

존은 당시 급진주의적 사상가였습니다. 급진주의란 현 사회, 정치 체계를 반대하고 급격한
개혁을 요구하는 사상이었습니다. 존은 정치에 참여한 동료들을 대신해 잡지에 글을 기고하며
급진주의적인 자신의 생각을 펼쳤습니다.

민주주의는 거스를 수 없는 시대의 흐름이다.
하지만 아직도 영국의 상류층은 지나친 권력을
행사하고 있다. 이것이 진정한 민주주의인지는
다시 생각해 봐야 한다.

그러던 어느 날, 왕성하게 연구 활동을 하던 존에게 불행이 찾아왔습니다.
공리주의에 대해 처음으로 이론의 토대를 세웠고 존에게도
많은 영향을 미쳤던 제러미 벤담이 사망한 것입니다.

선생님!

아버지…….

그로부터 몇 년 뒤 아버지 제임스 밀도 사망했습니다.
존은 자라서는 아버지와 의견을 달리했지만, 아버지를
누구보다 사랑하고 있었습니다.

몇 년 사이에 존경하는 사람과 사랑하는 사람을 모두 잃은 존은 병에 걸리고 말았습니다.

쿨록

쿨록

요즘은 뜸하네요.

뭐가 말이야?

존 선생님요.

아, 존은
파리로 갔어.

파리요?

응. 갑자기 건강이 악화돼서
요양하러 간 걸로 알고 있어.
건강해야 연구도 계속할 수
있을 텐데.

그러게요.
참 안됐어요.

당신이 파리로 가서
존의 연구를 도와주는 건
어때?

제가요?

아프면 혼자서 연구하기가 어려울 텐데 당신이 옆에서 자료만 정리해 줘도 한결 도움이 되지 않겠어?

난 일을 해야 하니 갈 수가 없고. 당신이 가 주면 존이 기뻐할 거야.

와! 파리로 찾아가면 깜짝 놀라겠는데요?

하하, 우리의 친구를 놀라게 해 주자고!

해리엇은 존의 연구를 돕기 위해 파리로 향했습니다.

테일러 부인!

몸은 좀 괜찮아요? 연구를 도우려고 왔어요.

제 연구를 돕기 위해 그 먼 길을 오다니…….

나중에 남편에게 고맙다고 해요.

점차 건강을 회복한 뒤 존은 해리엇의 도움을 받아 연구와 저술 활동을 계속할 수 있었습니다.

내가 쓴 원고인데 어때요? 〈런던 리뷰〉에 실을 겁니다.

지금의 사회 제도에 대한 전혀 새로운 견해네요.

영국은 세계로 뻗어 나가며 대영 제국을 실현시켰죠. 하지만 규모가 커진 만큼 성숙한 자세를 보이지는 않아요.

성숙한 자세란 건
어떤 거죠?

포용과 배려죠.
하지만 영국엔 그게 없어요.
사회가 경직되어 있어
어떤 변화도 받아들이지
못해요.

의회 자체가 권력이라서
그런가요?

맞아요, 부인.
역시 말이 통한다니까요?

해리엇은 존의 글을 보고 그의 생각을 금세 알아채는 사람이었습니다. 게다가 존과의 토론에서도 결코 밀리지 않았습니다.
아버지가 돌아가신 존에게 자신의 이야기를 들어 주고 이해해 주는 존재는 해리엇뿐이었습니다.

그런데 존 선생님,
〈런던 리뷰〉나 〈에든버러 리뷰〉 같은
잡지에 기고하는
글을 보면 꽤 정치적이에요.
혹시 정치에 뜻이 있나요?

글쎄요. 정치에 뜻이 있다기보다 학자로서 이 나라가
올바른 정치를 하길 바라는 마음인 거죠. 누군가
내 글을 읽고 자극을 받아서 내가 주장하는 대로
정치를 해 주면 좋고요.

해리엇은 존의 충실한 비서가 되어 존의 연구 결과를 정리했습니다.
둘은 함께 연구하는 학자나 다름없을 정도였습니다.

선생님, 지금 연구하는 게
논리학 체계이죠?

네, 지성인들이
흔히 실수하는
논리적인 오류에
대해서 쓰고
있어요.

선생님이 그전에 쓴 원고들을 제가 정리한 건데 한번 보실래요?

네, 그러죠.

대단하군요. 저보다 제 생각을 훨씬 더 깔끔하게 정리하셨어요.

뒷날 존은 자신의 자서전에서 해리엇을 자신의 매우 중요한 친구이자 사상의 동반자로 기록합니다.

해리엇은 예술에 조예가 깊고 정서적으로 내가 갖지 못한 따뜻한 마음을 간직하고 있었다. 나는 해리엇을 통해 나에게는 부족했던 정서적인 면을 채울 수 있었다. 해리엇의 도움으로 나의 철학은 점점 완성되기 시작했다.

존 스튜어트 밀이 쓴 책

하나   《자유론》

《자유론》은 존 스튜어트 밀과 해리엇이 함께 쓴 책으로, 총 5장으로 구성되어 있습니다. 《자유론》의 내용은 다음과 같습니다.

제1장 《자유론》의 서문에서 밀은 ① 양심의 자유와 사상과 감정의 자유, ② 개인의 생활 방식을 자유롭게 추구할 자유, ③ 여러 개인이 단결할 자유 등에 대해 이야기했어요.

제2장에서는 먼저 양심의 자유, 사상과 감정의 자유에 대해 논했습니다. 참된 진리를 발견하기 위해서는 여러 사람들의 자유로운 토론이 필요하다는 것입니다.

제3장에서는 행동의 자유와 생활의 자유에 대해 이야기했습니다. 각자가 추구하는 생활 방식이 다 다르더라도 이해해야 한다는 내용입니다. 절대 지금껏 내려온 전통이라는 이유로 개인의 생활을 바꾸라고 강요하지 말아야 한다고 강조했습니다.

제4장에서는 개인에 대한 사회 권위의 한계에 대해 논했습니다. 존에 따르면 자유는 무엇보다도 중요한 가치이고, 어떤 상황에서도 보호받아야 합니다. 하지만 한 가지 조건이 따릅니다. 자유를 누릴 때에도 다른 사람에게 절대 피해를 끼치지 말아야 한다는 것이지요.

마지막으로 제5장에서는 지금까지 《자유론》에서 이야기했던 원리를 실제 문제에 응용해 정리했습니다.

이렇듯 《자유론》은 권력이나 제도가 개인의 자유를 침해해서는 안 된다고 주장한 책입니다. 이 책은 지금까지도 손꼽히는 명저(나무랄 것 없이 훌륭한 책)로 남아 있답니다.

1859년에 출간된 《자유론》. 자유가 어떻게 보장되어야 하는지를 설명했습니다.

존 스튜어트 밀의 필기

둘 《여성의 예속》

존은 해리엇 테일러와 교류하면서 여성의 능력에 대해
다시 한번 생각하게 됩니다. 존이 추구한 공리주의는 '최대
다수의 최대 행복'을 구현하기 위한 사상으로, 여기에서의
최대 다수에는 당연히 여성도 포함되어 있었습니다.
해리엇이라는 여성을 만난 뒤 존은 여성의 능력에 대해서
더 절실히 깨닫게 되었습니다. 존은 여성이 그동안 남성
중심의 사회에 약자로 남아 있는 것은 여성이 못나서가
아니라, 여성을 차별하는 사회 제도와 관습 때문이라는 것을
지적했습니다.

존은 엘리자베스 1세 여왕이나 잔 다르크를 예로
들었습니다. 역사 속에 여성들이 기록된 수는 무척 적으나
그들이 남긴 업적은 독보적이라는 것입니다. 존은 여성이
자신의 능력을 마음껏 펼칠 수 있도록 사회 제도를 바꾸고,
여성의 활약을 보장해 주어야 한다고 강조했습니다.
이러한 사상은 뒷날 페미니즘(여성주의)의 탄생에 큰
영향을 끼쳤습니다.

존은 잔 다르크를 예로 들며 여성의 능력이
무시되어선 안된다고 이야기했습니다.

영국을 이끌었던 여왕 엘리자베스 1세

who? 지식사전

프랑스를 구한 영웅, 잔 다르크

잔 다르크는 10대 소녀였을 때 프랑스를 구하라는 하느님의 계시를 받아 백년 전쟁(중세
말기에 영국과 프랑스가 벌인 전쟁)에 참전했습니다. 군대나 전쟁에 대해 이해가 전혀
없었지만, 프랑스군을 승리로 이끌고 당시 왕세자였던 샤를 7세가 프랑스의 국왕으로서
대관식을 치를 수 있게 도와주었습니다. 이로 인해 그녀는 단번에 신의 계시를 받은
성녀로 추앙되었지요. 하지만 나중에 잉글랜드와 동맹을 맺고 있던 부르고뉴와의 전투 중   잔 다르크의 화형식을 그린 그림
사로잡혔고, 이후 잉글랜드는 잔 다르크를 영국의 재판정에 세워 이단과 반역의 죄목으로
화형에 처했습니다. 당시 그녀의 나이는 열아홉 살이었습니다.

셋   《대의 정치에 대한 고찰》

대의 정치란 국민이 자신을 대변할 사람을 뽑아 국가
정책이나 법을 결정하게 하는 제도입니다. 존은 그리스식
직접 민주주의가 사회가 복잡해진 근대 국가에서는 사실상
불가능하므로, 대의 정치를 해야 한다고 생각했습니다.
그런데 대의 정치가 이상적인 제도가 되기 위해서는
국민들의 소양이 높아져야 한다고 생각했습니다. 존은
정부가 국민의 생활 수준을 높이고 국민 전반적으로
지성을 함양할 수 있도록 통치해야 한다고 보았습니다.
한편, 존은 이 책에서 국민의 소양이 낮아 진실을 제대로
볼 수 없을 수도 있으므로 특정 분야는 전문가에게
맡기는 것이 낫다는 생각을 밝혔습니다.

대의 민주주의에 의해 국민의 대표로 뽑힌 이들이
일하는 우리나라 국회 의사당 ⓒ frakorea

넷   《논리학 체계》

존은 이 책에서 귀납적 방법을 통해 결론에 도달하는 논리학
체계를 제시합니다. 귀납적 방법이란 '경험적으로 알고 있는
사실들로부터 결론을 유추해 내는 것'입니다.
그런데 귀납법은 결론에 도달하기 위한 추론에서 허점이 있을
수 있습니다. 예를 들어 '시험을 칠 때 모르는 문제가 나올
때마다 3번을 찍었더니 맞았다. 그러므로 모든 모르는 문제의
답은 3번이다.'라는 결론은 분명 문제점이 있지요. 모르는
문제의 답이 무조건 3번이 아닌 것처럼 말입니다.
존은 이러한 오류를 줄이기 위해 귀납법의 연구 방법에
대해 일치법, 차이법, 공변법 등으로 나름의 체계를 다시
세웠습니다. 이는 귀납법이 가진 오류를 줄이기 위한
연구였어요.

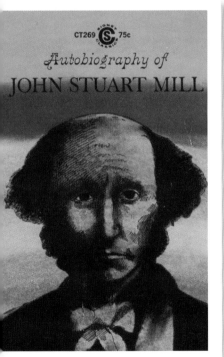
Autobiography of
JOHN STUART MILL
CT269 75c

존 스튜어트 밀의 《자서전》

《정치 경제학 원리》

존은 어렸을 때부터 접한 데이비드 리카도의 이론에 많은
영향을 받았습니다. 《정치 경제학 원리》에서는 생산과
분배에 대한 자신의 생각을 다시 정리해 놓았습니다.
그는 사람에 따라 생산량이나 질이 다를 수밖에 없다고
보았습니다. 어떤 사람이 다른 사람보다 더 많이 만들어
낼 수 있다는 것이지요. 그래도 분배는 사회 제도의
문제이므로 생산과는 별개로 봐야 한다고 주장했어요.
특정 계층이 더 많이 분배받을 수 있어서 문제가
발생한다고 본 것입니다. 존은 정치적으로 이러한 문제를
보완해, 정부가 나서서 모든 국민들에게 골고루 이익을
분배해야 한다고 말했습니다. 이러한 점에서 존의 이론은
어느 정도 사회주의적인 요소도 띠고 있습니다.
오늘날 생산과 분배를 별개로 생각한 존의 경제 이론은 많은
부분에서 오류가 있음이 밝혀졌습니다. 하지만 한 나라가
이룬 경제적 성과물을 모든 국민이 누려야 한다는 생각은
오늘날 빈부 격차와 같은 사회 문제 해결에 있어 생각할
거리를 줍니다.

ON

THE PRINCIPLES

OF

POLITICAL ECONOMY,

AND

TAXATION.

By DAVID RICARDO, Esq.

LONDON:
JOHN MURRAY, ALBEMARLE-STREET.

1817.

존의 경제 이론에 영향을 준 데이비드
리카도의 《정치 경제학 및 과세의 원리》

who? 지식사전

존 스튜어트 밀의 귀납적 연구 방법

1. **일치법**: 동일한 현상이 나타나는 둘 이상의 사례에서 단 하나의 공통 요소가 있다면 그 요소를 원인 또는 결과로 본다.
2. **차이법**: 둘 이상의 사례에서 모든 것이 공통적으로 나타나고 단 하나만 다르다면 다른 것을 원인 또는 결과로 본다.
3. **일치 차이 병용법**: 공통되거나 공통되지 않은 요소가 섞여 있을 때 일치법과 차이법을 함께 사용해 원인과 결과를 밝혀낸다.
4. **잉여법**: 이미 귀납법으로 앞선 사건의 결과로 알게 된 부분을 차례대로 제거해 나가다가 제거되지 않고 남은 부분을 원인이나 결과로 본다.
5. **공변법**: 무엇이 변했을 때 다른 무엇도 변화하면 앞의 변화가 후의 변화의 원인 또는 결과라고 본다.

5 동반자를 만나다

해리엇의 도움으로 연구에 활기를 띤 존은 1843년 《논리학 체계》, 1848년 《경제학 원리》를 잇달아 내놓았습니다.

《논리학 체계》는 귀납법에 대한 연구를 담고 있습니다. 귀납은 개별적인 원리에서 보편적인 원리로 추리해 나가는 방법입니다.

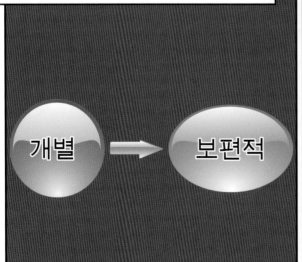

《경제학 원리》는 경제 전반에 대해 다룬 것입니다. 생산, 분배, 교환, 사회 상황이 경제에 미치는 영향, 정부 영향 등을 다룬 책입니다.

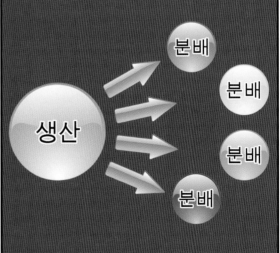

그중 《경제학 원리》는 대학 교재로 채택되며 존에게 명성을 안겨 주었습니다.

존 스튜어트 밀? 이런 책을 쓰다니 대단한 사람이야.

아! 이거 대학 교재로 쓰인다는 그 책 아닌가?

그 무렵 존의 친구 테일러가 병으로 사망했습니다.

테일러 부인.

아, 선생님.

테일러 씨의 명복을 빕니다. 마음은 좀 추슬리셨습니까?

네, 고마워요. 위로해 줘서.

존은 남편을 잃고 슬퍼하는 해리엇을 위로해 주었습니다.

이야앗! 점프!

귀엽군요. 애들은 슬픔에서 빨리 벗어나서 다행이에요.

그렇긴 하죠.

하지만 아버지 없이 아이들을 기른다는 게 어떤 건지 감이 오지 않아요. 벌써 2년이나 지났는데도……

존은 그런 해리엇에게 또다른 감정을 느끼고 있었습니다.

그러던 어느 날.

부인,
드릴 말씀이
있어서
왔습니다.

존! 무슨 일이죠?

존은 해리엇에게 청혼을 했습니다.

부인, 2년 동안 당신의 아픔을
지켜봤습니다. 아니, 훨씬
오래전부터 지켜봤죠. 당신처럼
상냥하고 지적이며 저를
이해해 주는 사람은 보지
못했습니다.

결국 두 사람은 둘만의 결혼식을 올렸습니다.

존은 해리엇과 결혼한 뒤 본격적으로 함께 연구를 진행했습니다. 철학, 사회 체계, 경제 등 전 분야에 걸친 연구였습니다.

해리엇, 자유에 대해서 어떻게 생각하죠?

개인의 자유는 무조건 보장되어야죠.

하지만 한 가지 조건이 있죠.

남에게 피해를 주지 않는 범위 내에서요.

하하, 맞아요.

문제는 피해를 입지 않았는데도 피해를 입었다고 생각하는 사람들이에요. 이들은 논리보다 감정적으로 공격하죠.

어떤 경우를 말하는 거예요?

예를 들어 볼게요.

누군가 다수의 행복을 싫어한다고 쳐요. 이건 그 사람의 자유예요.

그렇죠.

하지만 다수의 행복을 추구하는 사람의 입장은 그와는 반대겠죠?

당연하죠.

두 사람은 끊임없이 토론한 내용을 정리하며 《자유론》을 함께 만들어 나갔습니다.

별일 아니에요. 우리의 연구를 계속해야죠.

별일 아니긴. 연구가 뭐가 중요하다고!

아비뇽에서 요양합시다. 건강도 회복하고 이젠 좀 쉬어요.

존은 해리엇의 요양을 위해 프랑스 동남부의 아비뇽으로 향했습니다.

하지만 아비뇽에서도 해리엇의 건강은 나날이 악화되었습니다.

휘 이 이잉

해리엇, 당신 몸이 다 낫거든
따뜻한 곳으로 여행을 갑시다.
이번엔 꼭 약속을 지킬게요.

해리엇?

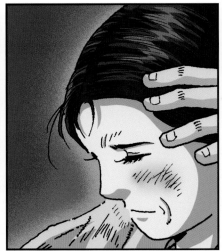

해리엇은 결국 결핵으로 세상을 떠났습니다. 아내이자 친구이며 동료였던 소중한 사람을 잃은 존은 슬픔을 견딜 수 없었습니다.

해리엇, 당신이 없으면 나도 살 수 없어요.

해리엇이 죽은 뒤 존은 모든 의욕을 잃고 슬픔에 빠져 지냈습니다. 건강도 나빠졌습니다.

우리 연구 언제 끝나는 거죠?

하하하, 금방 끝낼게요.

그래, 이러고 있을 때가 아니야. 연구를 완성해야 한다. 그것이 해리엇을 위한 일이야.

슬픔에 빠져 있던 존은 자신에게 해야 할 일이 있다는 사실을 다시금 되새겼습니다. 존은 해리엇과 함께 진행하던 연구를 마무리지어야 한다는 사명감으로 연구에 박차를 가했습니다.

그리고 해리엇이 사망한 이듬해, 그녀와 함께 쓴 《자유론》을 발표했습니다.

표현의 자유는 무한해야 합니다.
하지만 표현하는 방식은 제한할 수 있습니다.
즉, 우리는 사회, 정치에 대해서 비판할 자유가
있습니다. 하지만 비판을 원색적인 욕설로
표현한다면 그것은 올바른 자유가 아닙니다.

그 뒤에도 존은 해리엇과 함께한 많은 연구를 잇달아 발표했습니다.

벤담의 공리주의와는 다른, 존 스튜어트 밀만의 공리주의도 완성되어 갔습니다.

공공의 이익을 추구하며 우리는 행복해질 수 있습니다. 그것을 위해 쾌락을 추구하는 것이 공리입니다. 하지만 쾌락에도 질이 있습니다.

육체적, 일시적인 쾌락보다 정신적, 지속적인 쾌락이 훨씬 더 고차원적인 쾌락인 것입니다.

즉, '배부른 돼지보다 배고픈 소크라테스가 낫다.'고 할 수 있는 것입니다.

존은 공리주의에서 쾌락의 질적인 부분에 대해 이야기하며 그의 사상을 구체화시켰습니다. 벤담의 양적 공리주의를 수정, 보완한 그의 공리주의는 단숨에 여러 사람들의 관심을 끌었습니다.

벤담의 공리주의는 추상적이었는데 존의 공리주의는 보다 명확하군.

그러게 말일세, 존의 공리주의는 벤담의 공리주의에서 설명되지 않았던 부분을 무리 없이 이해시키고 있어.

한편 존은 해리엇의 영향을 받아 당시 사회에 널리 퍼져 있던 여성에 대한 차별을 안타까워했습니다. 그 생각을 담은 책이 《여성의 예속》입니다.

오늘날 여성들은 남성의 부속물 같은 존재로 전락해 있지요. 여성들에게도 정치에 참여할 수 있는 참정권이 주어져야 하고 사회에서 남녀 차별 또한 없어져야 합니다.

존의 이런 주장들은 사회적 공감과 논란을 동시에 불러일으켰습니다.

영국에 이런 지성이 있었다니. 이 사람의 철학은 시대를 주도하고 있어.

여성 참정권을 남자가 주장할 줄은 몰랐는걸?

존은 혁명을 할 때의 폭력은 정당하다고 하잖아. 이건 폭력을 정당화 하는 거 아냐?

벤담의 공리주의를 수정할 생각을 한 것 자체가 놀랍군. 이 사람은 자신의 철학을 가진 진짜 사상가야.

아니에요. 자발적으로 발생한 폭력은 공리에 부합하는 면이 있다고 하는 거잖아요.

해리엇,
당신과 함께 연구한
것들을 책으로 발표했어요.
천국에서라도
나를 지켜봐 줘요.

존 스튜어트 밀의 정치 활동

하나 여성 참정권

당시 정치는 남성의 전유물로 여겨졌습니다. 남성들이 지배하던 세상에서 여성의 역할은 가정을 지키는 것이었습니다. 이 때문에 여성들은 많은 교육을 받지 못했고, 남성들은 여성들의 교양이 남성에 미치지 못한다며 더더욱 여성의 참정권(국민이 정치에 참여하는 권리)을 제한하려 들었습니다. 당시 여성은 선거에 나가지 못하는 것은 물론, 투표할 권리조차 없었어요.

그러나 존은 여자도 남자 못지않은 능력이 있고, 정치 참여를 제한하는 것은 매우 불평등한 일이라고 생각했습니다. 게다가 자유와 평등을 중요하게 생각하는 그의 입장에서 여성 참정권 제한은 당연히 철폐해야 할 잘못된 제도였습니다. 존은 의원이 된 직후부터 여성 참정권 운동을 벌였으나 당시 영국 의회는 그의 의견을 받아들이지 않았습니다.

1912년 여성 참정권 시위 중인 미국 여성들

who? 지식사전

세계의 여성 참정권 운동

1848년 미국 뉴욕에서 열린 세계 최초의 여성 권리 대회에서 처음으로 여성 참정권에 대한 요구가 시작됩니다. 그 뒤 영국에서도 여성 참정권에 대한 논의가 활발하게 이루어집니다. 존 스튜어트 밀은 의원 생활 동안 영국 의회에서 매년 여성 참정권을 주장했으나 부결되었습니다. 여성 참정권은 존이 죽고 난 뒤에야 주어집니다. 처음으로 여성 참정권이 실시된 곳은 1893년 뉴질랜드입니다. 이어서 1902년 호주, 1908년 핀란드, 1920년 미국에서 여성도 선거에 참여할 수 있는 권리를 얻어 냈습니다. 영국은 제1차 세계 대전 때 전쟁터에 나간 남성을 대신하여 사회를 이끈 여성들의 요구를 들어주어, 1918년 30세 이상의 여성들에게 참정권을 부여했습니다. 그 뒤 1928년에 이르러서야 여성에게도 남성과 동등한 참정권이 주어졌습니다. 우리나라는 1948년에 여성 참정권이 주어졌는데 이는 유럽의 선진 국가들보다도 빠른 것입니다.

여성 참정권을 위한 시위

둘 　 모런트 베이 폭동

카리브해에 있는 자메이카는 존이 살던 당시 영국의
식민지였습니다. 자메이카에 주둔하던 영국 군인들은
자메이카 원주민들을 차별하며 노예처럼 부당하게
대했고, 원주민들은 그런 부당함을 견디다 못해 마침내
들고일어나 영국군을 공격했습니다.

자메이카에 주둔하던 영국군은 폭동을 진압한다는
명목으로 자메이카인을 무차별적으로 살해하고
폭력적으로 진압했습니다.

영국군은 시위에 참여한 자메이카인들을 군법 회의에
회부했습니다. 영국 법정은 자메이카인에게 잇달아
사형을 선고했고, 많은 사람들이 목숨을 잃었습니다.

이 소식을 들은 영국 귀족들은 자메이카의 버릇을 고쳐
놓아야 한다며 통쾌해했습니다. 그들은 자메이카인들이 영국
군대의 부당한 처우에 견디지 못해 저항한 것이란 사실을
알고 있었습니다. 그럼에도 불구하고 영국 군대를 지지했던
것입니다.

존을 비롯한 영국의 지식인들은 이런 현상을 참고 보기
힘들었습니다. 마침내 그들은 자메이카 진상 위원회를
만들었고, 존이 이 단체의 의장이 됩니다. 그런 뒤 그들은
자메이카인들을 학대한 영국군을 고소했습니다. 존은
영국군을 법정에 세우기 위해 2년여간 최선을 다했으나 영국
법원은 이를 기각했습니다.

소송 기간 동안 존은 소송을 그만두라는 온갖 협박에 시달려야
했습니다. 존은 비록 법정 승리를 거두진 못했지만 영국에
양심이 남아 있음을 보여 주었습니다.

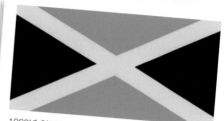

1962년 영국으로부터 독립한 자메이카의 현재 국기는
고난과 어려움이 있더라도 희망이 있고 태양은 빛난다
는 의미를 가지고 있어요.

존 스튜어트 밀은 비난에
굴하지 않고 자신이 옳다고
생각한 것을 지키려 했어.

비례대표국회의원선거투표

1	갑 당	
2	을 당	
3	병 당	
4	정 당	
5	무 당	

투 표 관 리 관

우리나라의 비례 대표 투표 용지 예시

셋 | 비례 대표제

의원은 투표에 의해 선출되는데, 다수결의 원칙에 의해 많은
표를 받은 사람이 의원이 됩니다. 존은 이런 방식으로 국민의
대변인을 뽑으면, 다수와 다른 의견을 가진 소수의 뜻을
대변할 사람이 없다는 것에 주목했습니다. 이에 소수의
의견도 반영할 수 있는 비례 대표제를 주장했습니다.
비례 대표제는 득표율에 따라 의원수를 비례해 선출하는
것입니다. 즉, 보수당이 51%의 지지율을 받고 자유당이
49%의 지지율을 얻었을 때, 선출되는 의원이 100명이라면
51명은 보수당 의원으로, 49명은 자유당 의원으로 하는
제도입니다.
당시 영국 의회는 존의 의견을 받아들이지 않았지만,
오늘날 대부분의 민주주의 국가에서는 비례 대표제를
도입했습니다. 우리나라에서도 국회 의원 선거 때
다수의 표에 따라 후보를 선출하면서도, 정당 지지율에
따라 의원을 선출하는 비례 대표제를 동시에 시행하고
있습니다.

영국 하원은 국민이 직접 뽑은 국회 의원으로 구성됩니다.

넷 | 노동자를 위한 투쟁

존은 노동자에 대한 비판까지도 솔직히
털어놓았습니다. 이 일로 그는 오히려 노동자들의
지지를 받아 의원에 선출되었고, 당선된 뒤 노동자의
권리 향상을 위해 노력했습니다.
영국은 급격한 산업화를 통해 경제 발달을 이루었지만,
노동자들은 적은 임금을 받으며 하루 10시간 이상
노동하는 등 제대로 대우받지 못하고 있었습니다. 이에
노동자들은 노동조합을 만들어 자본가에 저항했어요.
영국 정부는 노동조합을 금지하는 법을 통과시켜

강제로 노조를 해산합니다. 하지만 노동자들은
끝까지 물러서지 않고 맞서 그들의 권익을 위해
더욱 강하게 노동 운동을 전개했습니다. 이에 영국
정부는 경찰력을 동원해 노동 운동을 탄압했고 존은
노동자들의 편에 섰습니다.

존은 노동자 문제를 해결할 방안으로 노동 인구의
공급 과잉을 막기 위한 출산 억제와 이민 장려, 법으로
없어진 노동조합 재설립과 최소한의 생계를 위한 지원
등을 주장하며 탄압에 맞섰습니다.

기계가 일자리를 줄인다는 불안감에 영국 노동자가 공장 기
계를 부수는 모습

다섯 소외된 약자를 위한 발걸음

존 스튜어트 밀의 정치 활동은 전체적으로 소외된 약자를
위한 활동이었습니다. 여성, 노동자, 식민지의 원주민, 농민
등 당시 영국의 법과 사회 체계가 제대로 보호하지 못하는
사람들의 대변인 역할을 했어요.

이는 그의 사상인 공리주의에서 기인한 것으로, 존은
모든 영국인들이 어느 정도의 삶을 즐기며 행복하게
살아가기를 바랐습니다. 그것이 이상적인 사회의
모습이라고 생각했던 존은 부자들에게 집중되어 있는
혜택이 가난하거나 힘이 없는 사람에게도 돌아가기를
바랐습니다. 그는 식민지의 원주민들도 같은
영국인으로서 본국의 차별을 받지 않고 혜택을 누려야
한다고 생각했습니다.

존이 의원 생활을 하며 주장했던 것들은 모두가 잘
사는 사회를 만들기 위한 발걸음이었습니다. 당시에는
모두 받아들여지지 않았지만, 그의 영향으로 영국
사회는 조금씩 변했답니다.

1911년, 여성 참정권을 요구하는 사회 운동가들. 밀은
당시 사회에서 소외된 약자를 위해 일했습니다.
© Johnny Cyprus

6 약자의 편에 서서

1861년, 미국은 노예 해방 문제를 놓고 전쟁 직전의 상황에 놓여 있었습니다. 미국의 영향으로 영국에도 노예 해방에 대해 논쟁이 불붙었습니다.

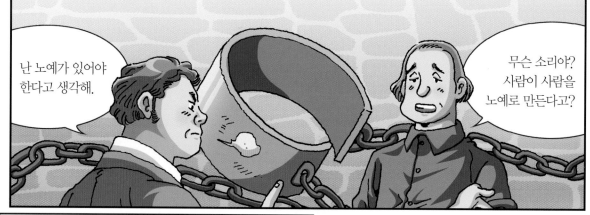

난 노예가 있어야 한다고 생각해.

무슨 소리야? 사람이 사람을 노예로 만든다고?

동인도 회사의 서기 일을 그만두고 저술가로서 활발히 활동을 하고 있던 존은 노예 해방론자였습니다.

공공의 이익을 추구하는 공리주의자로서 어째서 그 공공에 흑인이 빠져야 하는 것인지 이해할 수 없어. 흑인도 이 사회를 구성하는 일원이야.

존은 계속해서 사회 문제에 대해
날 선 의견을 잡지에 투고했습니다.
그러던 어느 날이었습니다.

똑똑

누구요?

마을 사람 여러 명이 존을 찾아왔습니다.

선생님,
드릴 말씀이
있어서
찾아왔습니다.

말씀해 보시죠.

우리는 선생님이 쓰신 글을 유심히 지켜봤습니다. 그리고 마침내 결론을 내렸죠.

무슨 결론 말이오?

이번 선거에 출마해 주십사 부탁드려야 한다고요.

출마? 나보고 정치를 하라는 겁니까?

선생님 같은 분이 정치를 해야 이 나라가 발전하지 않겠습니까?

선생님이 기고한 글을 보고, 누구보다 사회 문제를 정확하게 보고 있다고 생각했습니다.

아, 이런. 뭔가 착각한 모양인데.

네? 착각이라니요?

저술가로서 정치에 대해 이야기를 하면 상원, 하원에 있는 모든 의원들에게 나의 이야기를 전달할 수 있소. 하지만 내가 정치에 뛰어드는 순간 난 수많은 의원들이 가진 목소리 중 하나에 불과하게 돼요.

영국의 의회는 하원과 상원으로 나뉘어져 있습니다. 대부분의 정책 결정은 하원에서 이루어지며 상원은 하원을 견제하는 역할을 합니다.

나는 사상가로서 정치에 대해 말하는 편이 훨씬 좋소. 누구의 이익을 위해서가 아닌, 내가 옳다고 생각하는 것을 말할 수 있으니까요.

하지만 선생께서 정치인들에게 한 수 보여 줄 수도 있다고 생각해요. 이상적인 정치란 이런 것이다!

네, 맞습니다. 진짜 정치를 보여 주십시오.

음…….

좋소. 하지만 먼저 나의 조건을 말하겠소. 그래도 좋다면 이번 선거에 입후보하지요.

말씀하시죠, 선생님.

먼저 나는 선거 운동에 돈을 쓰지 않을 것이고, 당연히 선거 운동도 하지 않겠습니다.

그, 그건!

또!

당선된다 하더라도 이 지역만을 위해서 일하진 않겠습니다. 난 나라를 위해서 일할 것이며 어떤 당의 입장에도 서지 않겠습니다. 오직 내가 옳다고 생각하는 방향으로 나갈 것입니다.

아, 네…….

또 당선된다면 먼저 여성 참정권을 위해 일하겠습니다. 그리고 이것을 널리 알릴 것입니다.

선생님, 하지만 그렇게 하면 당선되기가…….

이 조건을 받아들이지 못하겠다면 돌아가시죠.

선거 운동을 하지 않는 데다가 당선된 뒤 여성이 정치에 참여할 수 있도록 일하겠다는 후보가 당선된다는 건 무척 어려운 일이었습니다.

선생님의 뜻대로 합시다. 이게 우리가 믿는 선생님의 뜻이라면 지지해야죠.

좋습니다.

결국 존은 자유당 후보로 웨스트민스터 지역에 입후보했습니다. 존은 약속대로 선거 운동을 하지 않았습니다.

여러분! 저를 뽑아 주십시오! 저를 의원으로 뽑아 주시면 이 지역 발전을 위해 일하겠습니다.

그런데 존 스튜어트 밀도 후보 아닌가? 난 이 사람을 본 적이 없어.

그러게. 후보 사퇴한 거 아냐?

역시 선거 운동을 하지 않고는 이기기 힘들겠지?

그래도 좋은 후보를 냈다는 데 만족하자고.

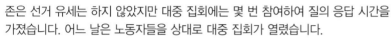

존은 선거 유세는 하지 않았지만 대중 집회에는 몇 번 참여하여 질의 응답 시간을 가졌습니다. 어느 날은 노동자들을 상대로 대중 집회가 열렸습니다.

저기 들어가기 전에 이것 좀 읽어 보십시오. 존 스튜어트 밀이 노동자들을 비난한 적이 있다는 걸 알고 계십니까?

응? 이건!

존이 노동자들을 상대로 집회를 여는 것을 안 상대 후보는 존을 비방하기 위해 전단을 뿌렸습니다. 그 전단에는 과거 존이 노동자들을 상대로 한 말이 실려 있었습니다.

집회는 흉흉한 분위기 속에서 열렸습니다.

훗, 정말 대단하신
분이라니까.

뭐지?

지금까지 우리한테
표 하나 받아 보려고 아첨 떠는
후보는 많이 봤지만, 이렇게
우리의 잘못된 점을 제대로
지적해 주는 후보는 처음이야.

맞아. 이런 분이 진짜 우리의 목소리를 대변해 줄 수 있어.

그래, 다른 후보는 우리한테 표만 받고 나면 금세 모른 척할걸?

이게 무슨 일이지?

존 스튜어트 밀에게 표를 주자!

우리 앞에 있는 후보자가 진짜 후보자다!

노동자들은 자신에게 아첨하고 표를 구하는 후보자보다 솔직하게 그들의 잘못된 점을 지적해 주는 존이 더 믿을 만하다고 생각했습니다. 그들의 목소리는 곧 환호로 이어졌습니다.

와아아아

와아아아

존은 마침내 하원 의원에 당선되며 정치에 입문합니다.

존은 그가 선거 전 말했던 대로 여성 참정권을 주장했습니다.

민주주의에 입각해서 여성이 정치에 참여하는 건 당연한 일입니다. 여성 참정권을 법으로 보장해야 합니다.

당시 의원들은 여성 참정권 주장은 쓸데없는 소리라고 생각하고 있었습니다.

저 사람, 또 여성 참정권이 어쩌고저쩌고 뜬구름 잡는 소리만 하고 있네.

어휴, 한 귀로 듣고 한 귀로 흘려야지. 법안 올려 봤자 안 될 거요. 존.

하지만 존의 주장은 의회 바깥에서 힘을 얻었습니다.

여성에게도 정치에 참여할 권리를 달라!

당시 영국은 많은 식민지를 상대로 무역을 했기에 물건이 항상 모자랐습니다. 이 때문에 노동자들은 과중한 업무로 고통받고 있었습니다.

물건을 더 만들어라. 더 일해. 잠도 자지 말고 일하란 말이야!

노동자들은 고된 노동과 열악한 처우에 시달렸습니다. 불평을 했다가는 해고되기 일쑤였습니다.

이건 너무하잖아요. 사흘 동안 두 시간밖에 못 잤어요.

뭐라고? 일하기 싫으면 당장 나가!

네?

결국 노동자들은 곳곳에서 정부를 상대로 시위를 벌였습니다.

존은 노동자들의 편이 되어 노동자의 정치 참여를 주장했습니다.

노동자들이 직접 자신들 문제에 참여 기회를 주어 합니다.

우리는 인간다운 삶을 원한다. 잠을 자고 일요일엔 휴식할 수 있도록 하라!

하지만 영국 정부는 존의 말에 귀를 기울이지 않았습니다. 오히려 노동자들의 집회와 정치적 시위를 제한하고, 시위 중인 노동자들을 잡아들일 계획을 세우고 있었습니다.

지금 국회 의원처럼 노동을 해 본 적 없는 사람들은 노동자의 문제를 모릅니다.

노동 시간을 축소하라!

우리는 하루 열두 시간씩 20년을 일해도 고용주가 해고하면 순식간에 직장을 잃는다. 고용 안전을 보장하라.

존은 정부가 노동자들을 강제로 해산시킬 것을 알고 있었습니다. 존은 서둘러 노동자 대표를 만났습니다.

하이드파크 시위를 취소하세요. 경찰이 무장을 하고 준비하고 있습니다.

무장이라고요?

네, 폭력 진압을 계획하고 있어요.

존의 도움으로 노동자들은 경찰의 폭력 진압을 피할 수 있었습니다.

한편 노동자의 집회가 끊이지 않자 보수당은 공공장소에서 집회를 금지하는 법안을 발의합니다.

정부 정책에 반감을 가진 사람들이 끊임없이 집회를 열어 나라의 발전을 해치고 있습니다. 앞으로는 공공장소에서 집회와 시위를 못하게 해야 합니다.

반대합니다!

뭐라고요? 당신은 자유당이기 때문에 반대하는 겁니까?

아니요. 나는 당신의 주장이 옳지 않기 때문에 반대하는 겁니다.

내 말이 틀렸다고? 노동자들이 파업을 하면 수출할 물품을 제때 생산하지 못해 나라 경제에 해가 됩니다. 모두 공장으로 집어넣어서 일하게 만들어야 해요!

존은 지금까지 한 번도 보여 준 적이 없는 모습으로
맹렬하게 반대했습니다.

노동자들을
강제로 희생시키는 건
옳지 못한 행동이오!

닥치시오! 인간은 누구나
자신의 행복을 추구할
자유가 있소. 그 자유를 정부가
무슨 권리로 막겠다는 말입니까?

이, 이런…….

존은 하원 의원으로 활동하는 내내 여성과 노동자 등
약자의 입장을 대변했습니다.

공리주의

하나 에피쿠로스의 쾌락주의

고대 그리스 철학자인 에피쿠로스는 좋은 것은 기쁜 것이고, 나쁜 것은 고통스러운 것이며, 인간은 본능적으로 좋은 것을 추구한다고 생각했습니다. 여기서 '좋은 것'을 쾌락이라고 표현했습니다.

에피쿠로스는 쾌락을 선으로 보았고, 고통을 악으로 보았습니다. 그리고 죽음에 이르러 고통마저 없어질 때 쾌락을 초월하는 완전한 평화의 상태가 된다고 생각했습니다. 이 쾌락주의는 훗날 벤담의 공리주의에 큰 영향을 끼쳤습니다.

에피쿠로스(B.C.341~B.C.270년)는 고대 그리스 철학자입니다.

둘 벤담의 공리주의

벤담은 쾌락주의를 바탕으로 공리주의를 완성합니다. 그는 쾌락이 선이고, 고통은 악이라는 쾌락주의의 기본 사상을 그대로 받아들였습니다. 벤담은 개개인이 쾌락을 추구하면 결국 개인이 모여 이루어진 사회 전체가 쾌락을 얻어 선을 이룬다고 생각했습니다.

특히 벤담은 쾌락의 양을 측정할 수 있다고 주장했습니다. 그러나 벤담의 공리주의는 근거나 자료 없이 자신의 생각으로만 이루어져 몇 가지 문제점을 드러냈습니다. 생각해 보면 사람마다 쾌락을 느끼는 부분이나 감정이 모두 다를 겁니다. 그런데 쾌락의 양을 천편일률적(개별적 특성 없이 모두 비슷함)인 틀에 맞추어 측정할 수 있다는 벤담의 공리주의는 무모한 부분이 있지요.

이런 벤담의 양적 공리주의를 보완한 것이 존 스튜어트 밀의 질적 공리주의입니다.

제러미 벤담(1748~1832년)

통합 지식+ 6

셋 존 스튜어트 밀의 공리주의

존은 쾌락은 양이 아니라 질이 중요하다고 주장합니다.
그는 물리적 쾌락뿐 아니라 정신적 쾌락에도 큰
의미를 부여했던 것입니다. '배부른 돼지보다 배고픈
소크라테스가 낫다.'라는 말이 바로 여기서 나왔습니다.
또한 최대 다수의 행복을 위해 개개인의 쾌락은 약간
양보할 수 있다고 말했지요.
그러나 존의 공리주의에도 오류는 있었습니다.
정신적 쾌락이 물리적 쾌락보다 더 나은 것인지 단정 지을
수 없다는 것입니다. 존은 정신적 쾌락의 가치를 높게
보았지만, 그것이 진리인지는 논란의 여지가 있습니다.

존 스튜어트 밀은 쾌락에는 질적인 차이가 있으며, 정신
적 쾌락이한 차원 더 높다고 주장했습니다.
ⓒ Toby Hudson

넷 공리주의의 한계

공리주의는 사회와 정치에 많은 영향을 미쳤지만, 여전히
사상적인 한계를 가집니다. 존 스튜어트 밀은 쾌락을 선악의
기준으로 삼았지요. 그러나 왜 쾌락이 선악의 기준이
되어야 하는지에 대해서는 설명하지 않았습니다. 또한
개인의 쾌락이 모여 공공의 쾌락을 만든다는 논리에도
모순이 있었습니다. 개인이 쾌락을 추구할 때 다른 사람과
충돌해 갈등을 낳는 경우가 더 일반적이었기 때문입니다.
역사적으로 개인의 쾌락이 극대화될 때 이에 반하는
다른 이의 쾌락은 망가지고 사회 전체가 흔들린 적도
많았습니다.
한편, 존의 아버지 제임스 밀은 쾌락을 추구할 때도 어느
선에 이르러서는 절제가 필요하다는 의견을 냈습니다.
존은 그 부분을 더 구체화시켜 공공의 이익을 위해 개인의
이익을 일부분 내려놓아야 한다고 생각했습니다.

공리주의를 비판한 프랑스의
사회학자 에밀 뒤르켐

공리주의의 영향

사회주의

공리주의는 기본적으로 공공의 이익과 쾌락을 추구하는
사상입니다. 즉, 사회를 구성하는 사회 구성원 모두
쾌락을 얻는 것이 궁극적인 목적이었습니다. 이에
힌트를 얻어 사회 구성원이 모두 평등하게 사회를
이루고, 재화를 분배하는 공상적 사회주의가
나타납니다. 로버트 오언, 생시몽 등이 대표적인
공상적 사회주의자들이었습니다. 공상적 사회주의는
이런 사회를 어떻게 구상해야 할지 구체적인
방법을 제시하지 못하고, 그저 천국 같은 이상향을
그렸습니다. 하지만 훗날 마르크스는 공상적 사회주의
이론을 수정해 과학적 사회주의를 주장했습니다.

공상적 사회주의자 로버트 오언(1771~1858년)

여성의 권리 확장 운동, 페미니즘

공리주의를 주장한 벤담은 여성이나 인종의
차별이 없어야 한다고 생각했습니다. 그는 당연히
여성에게도 참정권이 주어져야 한다고 보았어요.
1700년 말기부터 꾸준히 제기되어 온 여성
참정권 문제는, 존이 살던 19세기까지도 계속해서
이어집니다. 마침내 20세기에 들어서는 억압받던
여성의 권리를 높이고자 하는 페미니즘 운동이
본격적으로 시작되었습니다.
페미니즘의 탄생에는 여러 요인이 있지만, 제1·2차
세계 대전과 같은 큰 전쟁과 연관이 있습니다.
전쟁으로 인한 남성들의 빈자리를 여성이 대신하면서
여성들이 자신감을 얻게 되었고, 이것이 여성의 권리 주장으로
이어진 것입니다.

방글라데시의 여성 권리 확장 운동

자본주의의 수정

공리주의는 자본이나 재화가 사회 구성원들에게 평등하게 분배되어야 한다고 주장합니다. 이러한 공리주의의 경제적 관점은 훗날 케인스와 같은 경제학자를 탄생시키는 밑거름이 됩니다. 불공정하게 자본이 분배되고 경제 문제가 발생하자, 케인스는 정부가 일정 부분 재화의 분배에 관여하여 경제적 발전을 꾀해야 한다고 주장했습니다. 케인스의 주장은 1929년 경제 대공황이 발생한 뒤 효력을 발휘했습니다.

존 메이너드 케인스(1883~1946년)는 기존 자본주의의 원칙을 수정했습니다.

정치

공리주의의 영향으로 세계 각국이 투표 제도를 손질하고 대의 정치와 비례 대표제를 확립했습니다. 또한 개인의 자유와 평등을 중요하게 생각했기 때문에, 민주주의의 발전에도 도움을 주었습니다.

예술과 문화

과거 오페라나 공연을 대극장에서 즐기는 것은 귀족들에게나 해당되는 호사스러운 문화 생활이었습니다. 또한 문학가나 음악가들은 귀족이나 왕의 후원을 받아 겨우 작품을 발표하는 경우가 많았습니다. 하지만 공리주의의 관점에서는 이것들을 일반 서민들이 함께 즐길 수 있는 일상적인 문화로 만들어야 한다고 보았습니다. 사회가 발달할수록 그 사회가 가진 번영을 모든 이들이 골고루 나눠야 한다는 것이 공리주의의 기본 이념입니다.

공리주의적 관점에서 예술은 서민도 즐길 수 있는 일상적인 문화가 되어야 합니다.

7 배고픈 소크라테스

당시 영국은 수많은 식민지를 가지고 있었습니다.

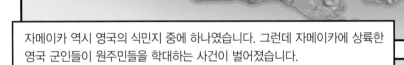

자메이카 역시 영국의 식민지 중에 하나였습니다. 그런데 자메이카에 상륙한 영국 군인들이 원주민들을 학대하는 사건이 벌어졌습니다.

이 멍청한 자메이카 놈들.

뻑

뭐가 어째?
주제도 모르고 말대꾸야?

왜 때리는 겁니까?

하지만 영국군은 자신의 잘못을 반성하기는커녕 폭동을 일으킨 자메이카인들을 공격했습니다.

으아악! 살려줘.

이 멍청한 자메이카 놈들! 다 죽여 버릴 테다.

얼마 뒤 이 사실이 영국에 알려졌고, 영국은 자메이카인들을 혼내 줘야 한다는 여론으로 들끓었습니다.

자메이카에 보복을!

영국의 무서움을 보여 주자.

존은 이러한 현상을 보며 *개탄했습니다.

정신이 나갔군.
자메이카에서 일어난 폭동은
영국인이 자메이카인들을 학대했기
때문이야. 그런데 오히려 자메이카를
상대로 보복을 해야 한다고?

자메이카는
영국에 복종하라!

영국을 우습게 보는
자메이카를 혼내 주자!

이건 옳지 않아. 자메이카인들을
학대한 영국 군인들을 고소해서
처벌을 받게 해야 해.

*개탄: 분하거나 못마땅하게 여겨 한탄함

존은 자신과 같은 의견을 가진 의원들을 설득해 위원회를 만들고 그 위원회의 의장이 되었습니다.

그런데 우리가 위원회를 만들어서 뭘 하죠?

법원에 고소장을 제출할 겁니다. 그래서 자메이카인들을 학대한 영국인들을 법정에 세울 겁니다.

영국인이 자메이카인을 위해서 영국인을 고소한다고요? 다른 이들에겐 어떻게 비춰질지…….

그런 건 걱정할 필요가 없어요. 우리가 하는 일이 옳은 일이니까.

존은 자메이카에서 원주민을 학대한 영국 군인들을 법원에 고소했습니다.

이건…….

영국인들은 이 사실에 크게
분노했습니다. 결국 사람들은
존을 공격하기 시작했습니다.

존의 집 담벼락에도 존을 협박하는 글씨가 새겨졌습니다.

이런!

또 매일같이 협박 편지가 도착했습니다.

존은 영국의 양심을 자처했지만 결과는 좋지 않았습니다. 그 무렵 존의 의원 임기가 끝나가고, 새로운 선거가 시작되었습니다.

아니요!
존을 낙선시키자!

이번엔 정말
떨어지겠는걸?

안타깝군. 누구보다
약자를 위하는 분이 저런
비방 때문에
떨어진다는 게.

결국 다음 선거에서 존은 상대 후보의
비방에 밀려 떨어지고 말았습니다.

존은 다시 사상가의 모습으로
돌아갔습니다.

덜컥

헬렌은 다시 학자로 돌아온 존을 반겨 주었습니다.
헬렌은 해리엇과 테일러 사이에 태어난 존의 의붓딸이었습니다.

아버지, 지금 연구하는 건 뭐예요?

사회주의다.
공리주의와 사회주의는 부합하는 면이 있지.

공리주의와 사회주의라······.

그래.
사회주의 사회에서는 경제 활동을 개인 단위가 아닌 사회 단위로 하고 그렇게 얻어 낸 *재화를 사회 구성원 모두가 공평하게 나누지.

*재화: 사람이 바라는 바를 충족시켜 주는 모든 물건

공공의 이익을 추구한다는 점에서 공리주의와 부합하는 면이 있어.

존은 당시 유럽에서 새로운 이념으로 나타난 사회주의를 연구하기 시작했습니다.

사회주의는 개인이 아닌 사회 공동체가 경제 활동을 하고 거기에서 얻은 재화를 구성원 모두가 공평하게 나눠 가진다는 이론입니다.

남녀노소, 사회를 구성하는 사람이면 모두가 평등하다. 차별없이 모두 평등하니 이것이야 말로 이상적인 사회다.

하지만 연구를 계속할수록 존은 사회주의에 실망했습니다.

아버지, 왜 그러세요?

넌 사회주의에 대해 어떻게 생각하니?

제가 하는 말이 도움이 될까요?

네 엄마는 엄청난 도움이 되었단다. 너도 그럴 수 있어.

글쎄요? 뭔가 이상적으로는 좋은 것 같아요.

그래, 이상으로서의 가치는 있다. 문제는 현실에서 실현하기 어렵다는 것이지.

그래요?

생각해 보렴. 사회에서 생산한 재화를 구성원들에게 공평하게 나눠 줘야 할 텐데 누가 그 일을 하지?

사회주의의 지도자요?

맞아. 여기서 모순이 생긴다. 사회주의를 구성하는 구성원들은 모두가 평등해. 하지만 반드시 지도자가 필요한 구조야. 지도자는 계급이다. 그것도 높은 계급. 평등이 깨지는 거지.

거기다 공동 사회에서 발생하는 재화를 평등하게 나눈다는 것에도 의심이 가는구나.

그건 왜 그렇죠?

인간의 노동력이 평등하지 않으니 문제가 생기지 않겠니? 분명히 더 일한 사람이 있을 텐데?

더 일한 사람은 더 많은 대가를 바라겠군요.

맞아. 그렇게 될 거야. 그게 인간이거든.

하지만 그건 일종의 이론이잖아요. 노동자 계급이 기업가들과 평등해야 한다는 사상은 어떠세요?

그런 이상은 좋다.

다만 기업가와 노동자들이 협동 기업을 운영하는 식으로 보완책이 있어야겠지. 지금은 서로 적대적인 관계라 아쉽구나.

존은 헬렌과 함께 아비뇽으로 여행을 떠났습니다. 여행을 하는 동안에도 두 사람의 사회주의 연구는 계속되었습니다.

사회주의는 모든 사회 구성원들의 평등을 위해 자본가에게 노동력을 착취당하는 노동자가 혁명을 일으켜야 한다고 주장했습니다. 존은 이런 부분도 좋아하지 않았습니다.

사회주의가 정말 문제가 되는 건
이 사회를 계급 간 갈등으로만 보는 이분법적 시각이야.
그러다 보니 두 계급이 대립하고 있다는 가정을 하게 되고
이념이 극단으로 치닫게 되지.

극단으로 치달은 갈등을
해소하기 위해 사회주의는
폭력을 동반한 혁명을
주장하고 있어.

하지만, 아버지.
아버지는 혁명에서
일어나는 폭력을
옹호하잖아요.

프랑스 대혁명 같은 것?

네.

그건 달라, 헬렌. 프랑스 대혁명은 시민이 스스로 일으킨 폭력이야. 하지만 사회주의는 사람들에게 폭력을 요구하고 있어.

어떤 차이죠?

시민의 마음속에서 우러나온 행동과 어느 누군가가 시켜서 하는 행동은 전혀 달라.

그런가요?

물론이지. 누구도 폭력을 일으키라고 말하지 않았는데 스스로 나타난 폭력은 연구할 가치가 있는 거야. 하지만 처음부터 폭력을 휘두르도록 강요하는 사상은 가치가 없단다.

그럼 사회주의는 폭력을 강요하는 사상인가요?

그 뒤로도 존은 계속해서 사회주의 사상을 비롯해 여러 사상을 연구했습니다.

올바른 이념이나 사상이라면 사람들에게 올바른 길을 보여 줘야 하는 거야. 옳지 않은 길을 이념 속에 품고 있으니 사회주의는 이상으로만 남겨 두는 게 좋을 것 같구나.

알겠어요.

학자로 돌아간 뒤 존의 책과 사상은 세상에서 다시 한 번 주목을 받았습니다. 경제, 정치, 사회 연구 등 존의 저술은 영국 전반에 퍼져 나가고 있었습니다.

존은 역시 멋진 학자야.

존은 아비뇽에서 사회주의 집필에 박차를 가했습니다. 하지만 그 무렵 존의 건강은 점점 나빠지고 있었습니다.

아버지, 몸은 괜찮으세요?

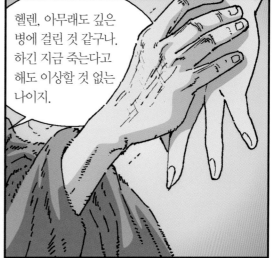

헬렌, 아무래도 깊은 병에 걸린 것 같구나. 하긴 지금 죽는다고 해도 이상할 것 없는 나이지.

무슨 말씀이세요. 아버진 아직 사회를 위해 할 일이 많으신 분이에요.

그래, 그래야지. 하지만 이제 지친 것 같구나.

씨익

아버지!

내가 정말 해야 할 일은
이미 끝마친 것 같구나.

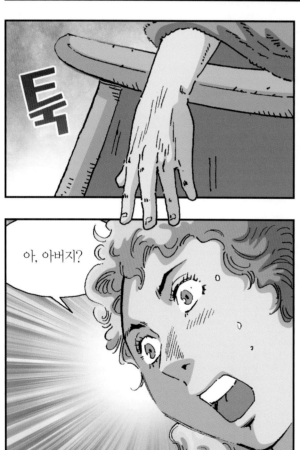

톡

아, 아버지?

존은 사회주의에 대한 집필을 완성하지 못하고, 그가
사랑했던 해리엇이 잠든 아비뇽에서 숨을 거뒀습니다.
1873년 5월 8일이었습니다.

아버지!
돌아가시면
안 돼요.

존은 그의 영원한 동반자였던 해리엇의 옆에 안장되었습니다.

그가 사망한 뒤에도 그의 사상은 남았습니다. 사람들은 존의 사상을 사랑했고 마침내 존의 여러 사상들은 영국의 의회 민주주의에 큰 영향을 끼쳤습니다.

우리는 존 스튜어트 밀이라는 훌륭한 사상가를 배출한 나라입니다. 그의 정신이 퇴색되지 않게 우리 모두가 행복할 수 있는 공공의 이익을 추구합시다.

영국의 의회에서는 무조건적인 대립이 사라졌습니다. 자유를 누리려면 남에 대한 배려를 먼저 해야 한다는 존의 사상은 정치에도 그대로 적용되었습니다. 현재, 영국은 가장 민주주의가 발달한 나라 중 하나입니다.

이번 현안에 대해 의원 여러분들은 자유롭게 의견을 말하시고, 소신껏 투표하시기 바랍니다.

존은 극단과 대립을 경계했으며 강제성을 인정하지 않았습니다.

양극단의 대립을 피해야 합니다.
사람들은 대체로 자기와 다른 의견을 가진 사람을
억누르고 몰아붙이려는 경우가 있습니다.
그리고 사람들은 그 양극단을 해소하기 위해
폭력을 동반하려 합니다.
하지만 그것은 옳지 않습니다.

그는 평생 동안 더 많은 사람들의 행복과 복지를
증진할 수 있는 것이 무엇인지를 연구했습니다.

"배부른 돼지보다 배고픈 인간이 낫고, 만족하는 바보가 되기보다 불만족스러운 소크라테스가 되는 것이 낫다."라는 명언을 남긴 존 스튜어트 밀.
이 말은 오늘날 "배부른 돼지보다 배고픈 소크라테스가 낫다."라고 축약되어 전해지고 있습니다.
그의 사상은 공리주의는 물론 자유주의와 사회 민주주의 사상의 발전에도 기여했습니다. 또한 그는 끊임없이 사회 문제에 질문을 던지며 스스로 옳다고 생각하는 일에 앞장선 사상가였습니다.

그가 떠난 지 100년이 훨씬 지난 지금까지도 존 스튜어트 밀의 사상과 가르침은 우리에게 많은 것들을 깨닫게 해 주고 있습니다.

who?와 함께라면 미래가 보인다

어린이
진로 탐색

사회학자

어린이 친구들 안녕?
존 스튜어트 밀 이야기 재미있게 읽었나요?

그렇다면 이제부터
존 스튜어트 밀이 꿈을 키워가는 과정을 함께 되짚어 보며
그가 활동한 분야와 그 분야에 속한 다양한 직업에 대해
살펴봐요!

또한 여러분에게는 어떤 장점과 적성, 가능성이
숨어 있는지 찾아보면서
그것을 어떻게 진로와 연결시킬 수 있는지에 대해서도
알아봅시다!

그럼 지금부터
여러분이 멋진 꿈을 향해 나아갈 수 있도록 도와줄
진로 탐색을 시작해 볼까요?

> 자기 이해부터
> 진로 체험까지,
> 다양한 진로 탐색
> 활동을 시작해 봐요!

부모님에게 어떤 영향을 받았나요?

존은 어려서부터 아버지에게서 엄격한 교육을 받았어요. 나중에는 아버지의 가르침이 모두 옳은 것은 아니라는 생각에 갈등을 하기도 했지만, 결국 마지막까지 존과 학문적으로 소통하고 밀을 이해해 준 것은 그의 아버지였지요.

우리는 부모님으로부터 많은 것을 배우고, 또 큰 영향을 받기도 해요. 여러분은 부모님에게 어떤 영향을 받으며 자라왔나요? 아래 질문에 답하며 생각해 보세요.

✳ 부모님으로부터 받은 교훈 중에 가장 기억에 남는 것은 무엇인가요?

✳ 부모님에게서 가장 본받고 싶은 점은 무엇인가요?

✳ 나의 행동이나 생각 중에 부모님의 영향을 받은 것은 어떤 것인가요?

공부는 왜 해야 할까요?

존은 아버지의 지시로 많은 지식을 쌓을 수 있었어요. 하지만 결국 맹목적으로
공부했던 일에 회의가 생겨 오랫동안 우울증과 고민에 빠졌어요. 그가 자신의 생각을
갖고 적극적으로 공부를 시작했을 때 비로소 사상적으로 발전할 수 있었지요.
여러분이 학교에 다니고 공부를 하는 이유는 무엇인가요? 칭찬을 듣고 싶어서일
수도 있고, 부모님을 기쁘게 해 드리기 위해서일 수도 있어요. 하지만 자신이 왜
공부가 필요한지 깨닫는다면 더 즐겁게 공부할 수 있겠지요? 아래 빈칸을 채우며
공부의 필요성에 대해 생각해 보세요.

✳ 공부를 하는 이유 1:

✳ 공부를 하는 이유 2:

✳ 공부를 하는 이유 3:

우리가 사는 사회!

사회는 곧 여러 사람이 모인 집단이에요. 사회의 모습에 따라 그 사회의 문제나 구성원의 특징이 다를 수밖에 없겠지요. 사회학자는 이렇게 여러 사람이 함께 어울려 사는 과정에서 어떤 일이 벌어지는지, 사회가 어떻게 변화하는지 혹은 사회에 어떤 문제가 있으며 이를 어떻게 해결할지를 연구해요.

우리는 어떤 종류의 사회에서 살아가고 있을까요? 현재 속해 있거나 혹은 속하게 될 사회는 무엇이 있는지 알아보고, 그 특징을 적어 보아요.

학교

교육을 받는 학교에서 이루어지는 사회입니다. 학생에게 지식을 전달하는 목표가 있습니다.

회사

이익을 얻기 위해 모인 집단입니다. 성과가 좋을수록 많은 이익을 얻게 됩니다.

동네

가족

우리가 속한 사회의 문제는?

존은 사회의 문제에 항상 관심을 갖고 이에 대해 목소리를 냈어요. 특히 사회적
약자가 차별받지 않도록 노력했지요. 여성 차별에 반대하며 선거에서 투표를 하고
정치에 참여할 수 있어야 한다고 주장하기도 했답니다. 사회학자는 이처럼 사회
전반에서 일어나는 여러 사회적 문제에 관심을 갖고, 문제의 원인과 해결책을
찾아내고자 해요.
여러분이 속한 사회인 가정이나 학교, 혹은 동네의 문제점은 무엇이 있을까요? 아래
질문에 답하며 생각해 보세요.

✱ 여러분이 속한 사회 중 어느 곳에 어떤 문제가 있나요?

㉘ 우리 아파트 화단에 누가 자꾸 쓰레기를 버려서 냄새가 나고 지저분하다.

✱ 사회 구성원들은 이를 해결하기 위해 어떻게 노력하고 있나요?

✱ 여러분은 어떤 해결책이 더 필요하다고 생각하나요?

진로 탐색 STEP 5

신문이나 뉴스에서 본 사회는 어떤 모습인가요?

사회학자가 되려면 같이 살아가는 사람들이 어떤 문제에 관심이 있는지, 어떠한 갈등을 겪고 있는지를 알아야 해요. 그래야만 사회가 어떤 역할을 할 수 있는지에 대해서 연구하고 해결책을 제시할 수 있기 때문이죠. 이를 위해서 가장 좋은 방법은 꾸준히 신문을 읽거나 뉴스를 보는 것이에요. 인상 깊거나 중요한 사회 문제를 다루고 있다고 생각하는 기사를 스크랩하고 그에 대한 자신의 생각을 적어 보세요.

✱ 언론 매체(신문/뉴스):

✱ 날짜:

✱ 기사 제목:

✱ 어떤 사회 문제를 다루고 있나요?

✱ 기사에서 다룬 사회 문제에 대해서 어떻게 생각하나요?

✱ 내가 만약 사회학자라면 어떻게 해결하면 좋을까요?

국립 민속 박물관에서
과거 사회의 모습을 알아봐요!

사회 현상 연구를 위해서는 현재 사회만이 아니라 과거의 사회는 어떠한 모습이었는지, 어떠한 문제가 있었으며 또 그 해결책은 무엇이었는지에 대해서도 잘 알아야 해요. 이를 통해 현재 사회의 구조나 변화를 더 잘 분석하거나 예측할 수 있기 때문이지요.

과거 사회가 어떤 모습이었는지 잘 알아볼 수 있는 공간 중 하나가 바로

국립 민속 박물관은 서울시 종로구의 경복궁 내에 위치하고 있습니다. ⓒ Isaac Crumm

국립 민속 박물관이에요. 국립 민속 박물관은 우리나라 사람들이 어떻게 살아왔는지 연구하고, 옛사람들이 생활했던 모습을 주로 전시해 놓은 곳입니다. 전통 사회에서 현재에 이르기까지 생활 문화의 변화를 한눈에 볼 수 있지요.

선사 시대부터 현대까지 한반도에 살았던 사람의 생활 모습을 보여주는 한민족 생활사 전시장 외에도, 한국인의 일상 전시장에서는 농사를 짓던 사람들의 생활과 양반 사대부의 삶을 갖가지 유물을 통해 살펴볼 수 있답니다.

특히 국립 민속 박물관에는 어린이 박물관이 따로 있어서, 어린이들이 보다 쉽게 우리 조상들의 생활에 대해 알아보고, 다양한 체험 활동을 즐길 수도 있어요. 어린이 박물관의 경우 관람 시간과 입장 인원이 정해져 있으니, 방문 전 미리 홈페이지에서 예약을 하는 것이 좋습니다.

＊ 국립 민속 박물관을 견학하고, 조선 시대 사회와 오늘날 사회의 모습은 어떻게 다른지 생각해 보세요.

존 스튜어트 밀

1806년		5월 20일, 영국 런던에서 태어났습니다.
1809년	3세	아버지 제임스 밀로부터 이른바 천재 교육이 시작됩니다.
1813년	7세	제러미 벤담과 아버지 제임스 밀과 함께 유럽 여행을 떠납니다.
1820년	14세	새뮤얼 벤담을 따라 1년간 프랑스 파리에 머무릅니다. 이때 생시몽을 만나 많은 영향을 받았습니다.
1822년	16세	프랑스 생활을 정리하고 영국으로 돌아와 프랑스 대혁명에 심취합니다.
1823년	17세	대학에서 배울 것이 없다고 판단하고 대학 진학을 거부합니다. 동인도 회사에 취직합니다.
1830년	24세	프랑스 7월 혁명 소식을 듣고 프랑스로 갑니다. 테일러 부부와 교류하면서 해리엇 테일러를 만납니다.
1836년	30세	아버지 제임스가 사망합니다. 존의 건강이 나빠져 파리로 요양을 떠납니다.
1843년	37세	《논리학 체계》를 발표합니다.

1848년	42세	《정치경제학 원리》를 발표합니다.
1849년	43세	테일러가 사망하고 해리엇이 혼자 남게 됩니다.
1851년	45세	해리엇과 결혼합니다.
1858년	52세	함께 연구를 진행하던 해리엇이 사망합니다.
		동인도 회사를 사직합니다.
1859년	53세	해리엇과의 함께 쓴 《자유론》을 발표합니다. 그
		뒤로도 꾸준히 연구한 결과물을 발표합니다.
1865년	59세	웨스트민스터 선거구 유지들의 권유를 받고 선거에
		출마해 하원 의원이 됩니다.
1866년	60세	자메이카 폭동에 대한 진상 위원회의 의장이
		됩니다.
1868년	62세	두 번째 선거에서 상대 후보의 흑색선전 때문에
		낙선합니다.
1873년	67세	사회주의를 연구하다 병을 얻어 사망합니다.

who? 한국사

초등 역사 공부의 첫 단추! '인물'을 알아야 시대가 보인다

● 선사·삼국 ● 남북국 ● 고려 ● 조선

※ who? 한국사(전 47권) | 대상 초등학교 전 학년 | 책 크기 188×255 | 각 권 페이지 190쪽 내외

who? 인물 중국사

인물로 배우는 최고의 역사 이야기

※ who? 인물 중국사 (전 30권) | 대상 초등학교 전 학년 | 책 크기 188×255 | 각 권 페이지 190쪽 내외

who? 아티스트

최고의 명작을 탄생시킨 아티스트들을 만나다

● 문화·예술·언론·스포츠

※ who? 아티스트(전 40권) | 대상 초등학교 전 학년 | 책 크기 188×255 | 각 권 페이지 190쪽 내외

who? 인물 사이언스

기술로 세상을 발전시킨 과학자들의 이야기

※ who? 인물 사이언스 (전 40권) | 대상 초등학교 전 학년 | 책 크기 188×255 | 각 권 페이지 180쪽 내외

who? 세계 인물

세상을 바꾼 위대한 인물들의 이야기

※ who? 세계 인물 (전 40권) | 대상 초등학교 전 학년 | 책 크기 188×255 | 각 권 페이지 180쪽 내외

who? 스페셜 · K-pop

아이들이 가장 만나고 싶고, 닮고 싶은 현대 인물 이야기

※ who? 스페셜 · K-pop | 대상 초등학교 전 학년 | 책 크기 188×255 | 각 권 페이지 190쪽 내외